표지 장정에서 출발한
판화가 **이정**

표지 장정에서 시작한 판화가 이정
전시 도록

초판인쇄 │ 2019년 7월 20일

초판발행 │ 2019년 7월 24일

엮은이 │ 홍선웅

펴낸이 │ 박성모

펴낸곳 │ 소명출판

출판등록 │ 제13-522호

주소 │ 서울시 서초구 서초중앙로6길 15, 2층

전화 │ 02-585-7840

팩스 │ 02-585-7848

전자우편 │ somyungbooks@daum.net

값 16,000원

ⓒ 홍선웅, 2019

ISBN 979-11-5905-432-7 03010

표지 장정에서 출발한

판화가 이정 전시 도록

홍선웅 엮음

소명출판

서문 『하늘과 바람과 별과 시』 표지 판화가 이정(李靚)

홍선웅 / 판화가

이정의 판화를 처음 본 것은 1948년 정음사에서 출간한 윤동주의 재판본 유고시집인 『하늘과 바람과 별과 시』 표지 재킷에서이다. 이 시집 목차 하단에는 '裝幀 李靚(장정 이정)'이라고 표기는 해놓았지만 판화라는 말은 어디에도 없다. 다만 이 표지 재킷이 판화라는 확신을 가진 것은 그동안 조각도를 잡은 경험 때문이다.

그리고 1948년 시문학사에서 출간한 윤곤강의 시집 『살어리』의 면지와 표제지에 실린 3도 다색판화인 〈석류〉와 〈동트는 새벽〉을 보면서 이정은 나름대로 실력을 갖춘 판화가임을 알게 되었다. 그러나 그게 전부였다. 이정이란 이름이 본명인지 화명인지, 그가 어디에서 무엇을 하며 살아왔는지 더 이상 알 길이 없었다. 그래서 2014년 겨울에 『한국근대판화사』를 출간하면서 나는 이정의 세련되고 정돈된 판각의 멋과 기량만을 간단하게 소개할 수밖에 없었다. 그러던 중 금년도 봄에 뜻밖의 일이 생겼다.

근대서지학회 오영식 대표로부터 반가운 연락이 왔다. 성균관대학교 임형택 명예교수님을 만났는데 그분이 이정의 사위라는 것이다. 한번 같이 집으로 찾아가면 이정에 대해 여러 가지 알아 볼 것이 있지 않겠느냐는 전화이다. 이후 임 교수님이 거주하는 분당 아파트에서 이정의 따님을 보게 되었고 그곳에 소장되어 있는 이정의 많은 판화와 스케치, 문자 캘리그래피(Calligraphy) 등을 볼 수 있었다. 그때부터 모든 궁금한 것이 풀리기 시작했다. 본명이 이주순(李朱筍)이며 15세의 어린 시절에 조선총독부 도서관에 근무하면서 미술에 관심을 갖고 독학으로 공부하였으며, 이후 정음사 편집부장까지 지냈다는 것을 알게 되었다. 물론 1940년대 『하늘과 바람과 별과 시』 판화 원본을 비롯해 1970년대와 1980년대 판화 원본까지도 직접 확인하였다. 이후 가족으로부터 전해들은 이러한 내용들을 정리해서 여러 점의 판화 원본과 함께 『근대서지』 제19호에 '표지장정에서 출발한 판화가 이정(李靚)'을 발표하였다.

그동안 한국근대미술 역사서와 연구서들이 많이 출판되면서 근대미술의 연구와 비평 활동이 한층 넓어졌다. 그중에서도 근대미술사 연구자들이 가장 보람 있게 생각하는 것은 우리에게 알려지지 않은 새로운 작가를 발굴하여 그의 일대기를 정리하고 작품 세계를 분석하여 세상에 알리는 일이다. 김복진, 이쾌대, 나혜석, 이인성, 정현웅, 변월룡, 이응노 등의 작가론에 관한 연구 논문과 평전이 이에 속할 것이다. 최근에는 북한미술이나 월북 작가에 대한 연구도 활발해 여러 논문들이 나오고 있다. 무척 반가운 일이다. 그러나 애석하게도 근대판화에 대한 연구는 여전히 미흡하다. 근대판화에 대한 연구는 풍성했던 조선 후기의 판화와 현대판화를 이어주는 가교로서의 중요성이 있기에 연구로서의 가치가 매우 높다. 자료가 부족하다고 도외시 할 일이 아니다. 그런 의미에서 출판미술인이면서 판화가인 이정에 대한 연구는 여러 각도에서 조명할 필요성을 가진다. 특히 이정이『하늘과 바람과 별과 시』표지 장정과『살어리』의 면지와 표제지에 장식한 〈석류〉와 〈동트는 새벽〉의 판화를 제작한 1940년대 후반기에는 조선미술가동맹의 오지호, 정현웅, 손영기, 최은석, 박문원, 최재덕 등이 판화를 제작하였고, 모더니즘 계열에서는 이병규, 최영림, 김정현, 박성규, 윤세봉, 김정환, 이병현, 김용환도 판화 제작에 참여하였다.

특히 이정은 정음사에 근무하면서 판화뿐만 아니라 펜으로 그린 삽화와 한글, 한문, 알파벳 문자까지 디자인하여 이정에 대한 연구는 판화 외에도 출판미술에까지 폭을 넓힐 수 있을 것이다.

비록 작은 소품들로 꾸민 전시이지만 이번 전시를 통해서 출판미술인이며 판화가인 이정에 대하여 다양한 연구가 지속되길 바라는 마음이다.

이 전시를 위해 많은 분들의 도움이 있었다. 무엇보다도 가족들이 그동안 소중히 간직했던 이정의 스크랩북을 해체하면서 작품을 정리해 주었다. 그리고 밖으로 작품을 공개하는 일이 결코 쉬운 일이 아님에도 불구하고 우리 근대미술 연구자들을 위해 전시를 결정 해준 것에 대해 깊은 감사를 드린다. 또한『근대서지』와 도록, 리플렛 등을 세심하게 살펴주면서 후원해주신 소명출판 박성모 사장님께 감사의 인사를 드린다. 그리고 이정의 전시를 흔쾌히 허락하신 화봉갤러리 여승구 관장님께도 감사드린다.

무엇보다도 처음부터 끝까지 일일이 챙겨가며 진행해 주신 근대서지학회 오영식 대표가 계셨기에 이번 전시가 가능했다.

제 아버지께서 돌아가셨을 때가 1995년 가을이었으니, 올해로 만 24년이 조금 못 되었습니다. 그 오랜 세월이 지나서 새삼 판화가 이정으로 거듭나시게 된 일이 저로서는 꿈 같기도, 기적 같기도 합니다.

저희 가족들은 아버지께서 윤동주 시인의 『하늘과 바람과 별과 시』 초판본의 표지 판화를 제작하고 장정을 하셨다는 사실을 잘 알고 있었습니다. 제가 태어나고 1년 뒤에 세상에 나온 그 책에 실린 시들이 '문학'에 눈뜨기 시작한 사춘기 무렵의 제 감수성에 큰 울림을 주었기에, 일찍이 '서시'를 외우면서 눈 덮인 나목이 겨울 찬바람을 이겨내고 있는 듯한 책의 표지화가 그 시의 세계를 너무 잘 표현하고 있다고 생각했고, 그것이 바로 제 아버님의 솜씨라는 데에 긍지를 느끼기도 했습니다.

하지만 제가 어려서부터 보아 익숙했던 아버지의 모습은 좋은 책들을 많이 출판하기로 정평이 나 있는 한 출판사의 편집인으로서 번역에 부수되는 작업과 책 표지 디자인에 전념하는 직장인이자 건실한 생활인의 모습 그것이었습니다. 아버지께서는 특히 전집류의 장정에 책임을 맡아 신경을 많이 쓰셨고, 책이 나왔을 때 전집의 표지나 커버, 케이스의 디자인이 의도했던 대로의 결과이면 몹시 흡족해 하시면서 보람을 느끼셨던 것 같습니다.

그런 중에도 제게 잊혀지지 않는 것은 1965년 가을에 출간된 버어튼 판 『아라비언 나이트』(전4권)의 장정을 하셨을 때의 일입니다. 아버지께선 그때 표지 커버의 색깔을 인디고 색으로 정하시고 그 위에 푸른색과 흰색의 별들이 강물처럼 흘러가는 듯한 신비로운 느낌을 내려고 애쓰셨습니다. 낮에도 암실처럼 어둡게 만든 방의 흰 창호지에 무수한 바늘구멍을 내고 밖에서 빛을 쏘아 넣어서 방벽에 별무늬 같은 것이 나타나도록 했던 거라고 기억하고 있습니다만, 원하는 결과를 얻을 때까지 수없이 바늘구멍을 들여다보고 사진을 찍고 하시다가 안질이 걸려 눈가가 붉게 짓무르기까지 하셨지요.

그런 아버지께 소시에 또 다른 꿈이 있으셨다는 사실을 일깨워주신 건 아버지의 여섯 살 아래 여동생, 즉 제게는 고모가 되시는 분입니다. 고모가 가끔 집에 오시면, 아버지와 마주 앉아 어린 시절 떠나온 북녘의 고향 이야기에 시간 가는 줄 모를 때가 많았지요. 그러다가도 고모는 뭔가를 애석해 하는 표정으로 "오빠, 그래도 난, 오빠 젊었을 때의 그 재주를 그냥 썩혀버리고 만 것 같아서, 아직도 그 생각을 하면 불쑥불쑥 아까운 생각이 들어. 어머니와 나만 아니었음 그때 눈 딱 감고 일본에 가서 그림 공부 계속해서 큰 인물이 될 수도 있었을 걸……" 하고 말꼬리를 흐리기도 했습니다. 그럴 때 아버지의 표정은 그저 희미한 미소나 띠우고 말 뿐, 딱히 미련이나 회한 같은 것은 내보이지 않으셨기에 저와, 저보다 더 어린 동생들은 고모의 말씀을 크게 마음에 두지는 않았습니다.

그렇게 흘려보낸 이야기의 조각들이 새삼 제 마음을 아프게 찔렀던 건 두 해 전인 2017년 봄쯤이었습니다. 그때 "시인 윤동주 탄생 100주년"을 기념하는 여러 가지 행사로 세상이 떠들썩하고, 아버지가 제작하신 판화로 장정한 윤동주 시인의 『하늘과 바람과 별과 시』 초판본 사진이 매스컴에 오르내리는 걸 보면서였지요. 잘 알려진 시인의 시집은 세상을 짜하게 울리는데, 그 시집의 표지를 판화로 만들고 인상 깊게 장정해준 우리 아버지의 존재는 세상 아무도 알아주지 않는구나 하는 생각에 가슴이 아렸습니다. 그러면서 새삼 열어본, 손수 만들어 놓으신 작품 스크랩북에는 아버지 생전에 갈고 닦은 솜씨들이 한 번도 세상의 빛을 보지 못한 채 고스란히 간직되어 있었습니다.

그 사이에도 어릴 때부터 종종 들어온 "오빠 재주가 아깝다"는 고모 말씀을 떠올려보지 않았던 것은 아니었지만, 정작으로 그 의미가 크고 뚜렷하게 다가온 건 바로 그때부터가 아니었나 싶습니다.

그리고 마침내 오늘 이렇게 감격스런 자리를 갖게 되었습니다.

옛 말씀에 "조상의 행적 중 아름다운 일을 세상에 드러내는 것이 후손으로서의 도리이다" 하셨는데 이제서야 이 자리에 서고 보니 한편으론 부끄럽고, 이 자리가 있도록 후의와 도움을 주신 판화가 홍선웅 선생님, 근대서지학회 오영식 회장님, 소명출판 박성모 사장님, 화봉문고 여승구 회장님께 무어라 감사의 말씀을 드려야 할지 모르겠습니다.

또한 오늘 여기 오셔서 저희 아버님께서 판화가로 인정받는 이 자리에 증인이 되어주신 모든 분들께도 깊은 감사를 드립니다.

올해로 90세 문턱에 오르신 우리 고모가 계셨기에 아버지의 생애를 보다 더 확실하게 되짚어보고 확인할 수 있었습니다. 고모도 그처럼 아까워하시던 '오빠'의 재주를 세상에 드러내는 장면을 보실 수 있어서 누구보다 기쁘시겠지요.

감사합니다.

차례

〈작품 1 – 정물〉

초기 판화
연대 미상
목판화
10.8×17cm

〈작품 2 – 사찰〉

초기 판화
연대 미상
목판화
7.1×12.8cm

〈풍경〉

초기 판화
연대 미상
목판화
7.5×10.5cm

〈두 인물〉

초기 판화
연대 미상
목판화
19.0×7.2cm

〈작품 3 – 여인〉

초기 판화
연대 미상
목판화

최지원, 〈걸인과 꽃〉

1939
목판화

〈전신주가 있는 풍경 2〉

초기 판화

『하늘과 바람과 별과 시』
표지 판화 연습본

1947년경

목판화

11.0×16.0cm

〈전신주가 있는 풍경〉

초기 판화

『하늘과 바람과 별과 시』
표지 판화 연습본

1947년경

목판화

13.3×14.5cm

〈하늘과 바람과 별과 시〉

윤동주 시집,『하늘과 바람과 별과 시』표지 판화 원본

1948

목판화

18.3×24.0cm

〈석류〉

윤곤강 시집,『살어리』면지 판화

1948

목판화

19.0×24.8cm

〈동트는 새벽〉

윤곤강 시집, 『살어리』 표제지 판화

1948

목판화

9.2×15.2cm

〈코끼리 모양 촛대〉

『조선속담집』 표지 판화 원본

1948

목판화

15.5×11.8cm

〈포도〉

정음사 초기시절 판화
김동리『역마』표제지 판화
1950
목판화
17.5×12.3cm

〈야경〉

정음사 초기시절 판화
연대 미상
목판화
32.1×16.8cm

〈앉아있는 여인〉

정음사 초기시절 판화
연대 미상
목판화
27.3×20.0cm

〈앉아있는 여인〉

정음사 초기시절 판화
연대 미상
목판화
20.5×16.0cm

〈석탑〉

정음사 초기시절 판화
연대 미상
목판화
21.3×16.9cm

〈인어〉

정음사 시절 판화
연대 미상
목판화
14.5×10.7cm

〈사각병〉

정음사 시절 판화
연대 미상
목판화
17.5×12.3cm

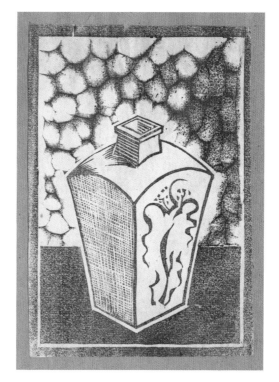

〈승무〉

정음사 시절 판화
연대 미상
목판화
22.0×18.0cm

〈봉황도〉

정음사 시절 판화

연대 미상

목판화

15.0×18.0cm

〈포도〉

1970년대 추정

목판화

21.5×27.0cm

〈십장생도〉

최영해선생화갑기념송사집『세월도 강산도』표제지 판화

1974

목판채색

22.0×11.5cm

⟨여인 1⟩

1970년대

목판화

24.0×16.2cm

〈여인 2〉

1970년대
목판화
24.0×16.0cm

〈여인 3〉

1970년대
목판다색
23.5×15.5cm

〈여인 4〉

1970년대
목판다색
23.3×17.5cm

〈부채를 든 여인〉

1974

목판다색

16.0×15.5cm

⟨성덕대왕신종비천상⟩

반야심경 6폭병풍 판화

1979

목판화

〈미륵반가사유상〉

1979

목판다색

20.8×12.8cm

〈미륵반가사유상〉 목판 원본

〈금강역사상〉 두부

1981

목판다색

22.2×13.5cm

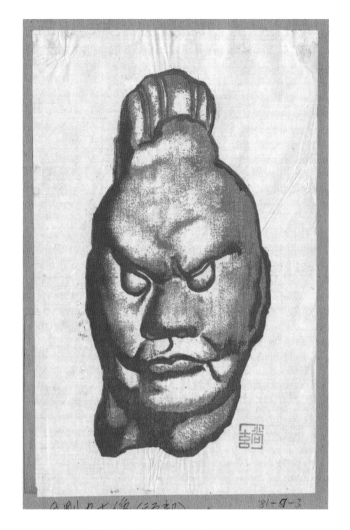

〈금강역사상〉 두부 목판 원본

〈하회탈〉

1982
목판다색
21.5×15.4cm

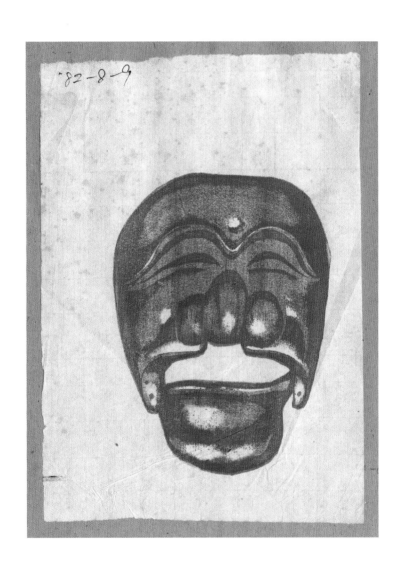

〈중흥산성쌍사자석등〉

1981

목판화

26.5×10.5cm

〈청화백자모란문다호〉

1990

목판다색

15.4×13.8cm

〈만자국화호접문〉

『세월도 강산도』 표지 판화

1974

목판화

문양

만자문을 현대적으로 재구성 1

1979

목판화

25.0×17.0cm

문양

만자문을 현대적으로 재구성 2

1979

목판화

11.5×20.5cm

문양

사격자문양에 기하학적 형태 구성

1979

목판화

10.0×17.0cm

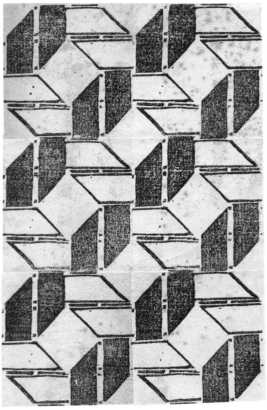

〈수복강녕〉

최영해선생화갑기념송사집
『세월도 강산도』 간기 판화

1974

목판화

7.5×8.0cm

〈여인〉

간기에 사용된 소품 판화

1970년대

목판화

12.0×8.4cm

〈어린아이의 얼굴〉

1947
종이에 연필
22.5×18.8cm

〈아기를 안고 있는 여인〉

1948
종이에 연필
21.0×18.4cm

〈혜숙이〉

1947
종이에 연필
28.6×22.5cm

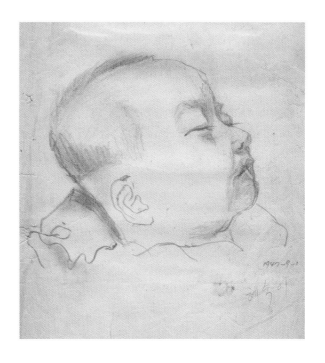

〈혜숙이〉

1947
종이에 연필
28.8×22.5cm

〈물동이와 여인〉

연대 미상

종이에 펜, 연필, 수채, 색연필

28.7×26.5

〈인어〉

연대 미상

종이에 펜과 연필

18.5×11.5cm

인물 스케치

연대 미상
종이에 잉크

〈기모노를 입은 여인〉

연대 미상
종이에 펜
18.8×26.3cm

〈한복을 입은 여인〉

연대 미상
종이에 잉크
21.8×9.5cm

누드 스케치

연대 미상
종이에 연필
23.0×16.0cm

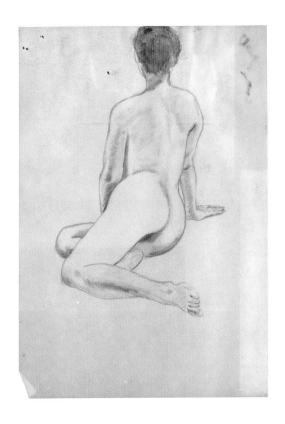

누드 스케치

연대 미상
종이에 연필
15.8×23.0cm

〈메디치의 비너스〉

연대 미상
종이에 연필, 콘테
21.7×11.6cm

〈발레리나〉

연대 미상
종이에 연필, 콘데
18.8×21.7cm

〈니케 여신상〉

연대 미상
종이에 연필과 잉크
21.6×18.5cm

〈로댕의 이브像〉

연대 미상
종이에 연필과 잉크
22.0×13.5cm

인물 스케치

연대 미상

기름종이에 펜

인물 스케치

연대 미상

기름종이에 펜, 종이에 펜

인물 스케치

연대 미상

기름종이에 펜, 종이에 펜

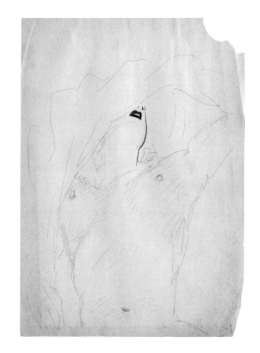

습작들

연대 미상
종이에 펜

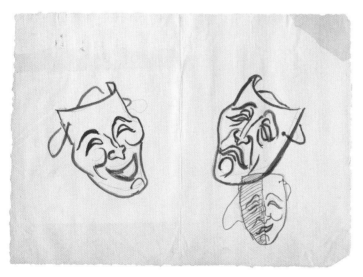

〈곡예사와 말〉

연대 미상
종이에 펜
34.0×28.0cm

스케치

연대 미상
종이에 펜, 기름종이에 펜

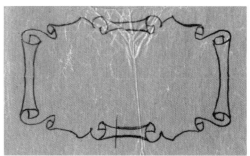

베티 붑

연대 미상

종이에 펜

23.3×18.8cm

타이포그래피와 삽화

연대 미상

종이에 펜

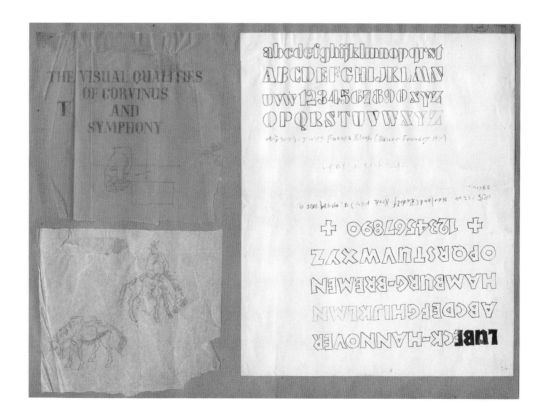

타이포그래피 연습

연대 미상

종이에 펜, 기름종이에 펜

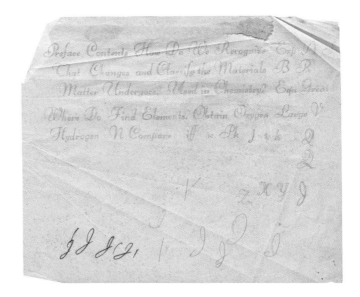

타이포그래피와 삽화

연대 미상

종이에 펜, 종이에 잉크

타이포그래피와 삽화

연대 미상

종이에 펜, 종이에 잉크

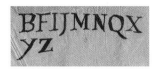

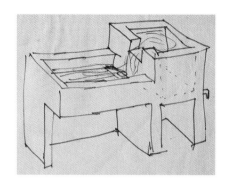

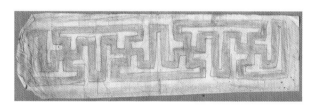

문자와 스케치

연대 미상

종이에 펜

Pisces [pisi:z]

(=Fishes 쌍어궁)

Aquarius [əkwéəriəs]

(=water-bearer) 宝瓶宮)

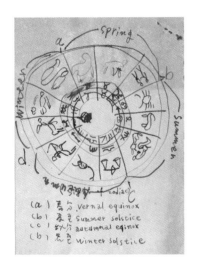

(a) 춘분 Vernal equinox
(b) 夏至 Summer solstice
(c) 추분 autumnal eqinox
(b) 冬至 Winter solstice

Leo [li:ou]

(=Lion ; 獅子宮)

Cancer [kǽnsə]

(=Crab; 巨蟹宮)

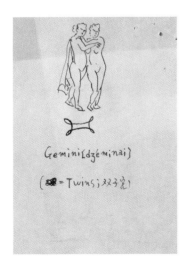

Gemini [dʒéminai]

(=Twins ; 쌍子宮)

Taurus [tɔ́:rəs]

(=Bull ; 金牛宮)

Aries [ɛ́ərii:z]

(=Ram; 白羊宮)

삽화

연대 미상

기름종이에 펜, 기름종이에 잉크, 종이에 펜

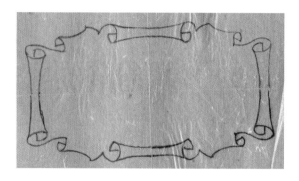

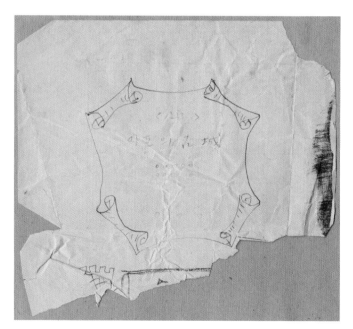

문자와 삽화

연대 미상

종이에 펜

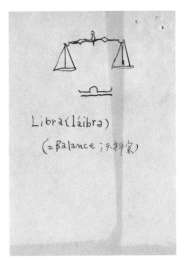

Libra(láibrə)

(=Balance ; 天秤宮)

Virgo(vá:gou)

(=Virgin ; 处女宮)

Capricorn (kǽprikɔ:rn)

(=Goat ; 磨羯宮)

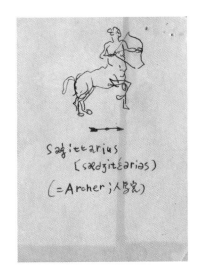

Sagittarius
(sædjitéəriəs)

(=Archer ; 人馬宮)

Scorpio(skɔ́:piou)

(=Scorpion ; 天蝎宮)

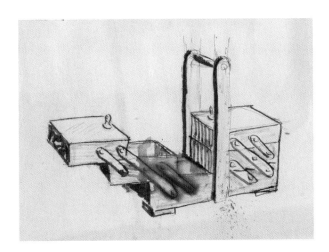

습작

연대 미상

기름종이에 연필

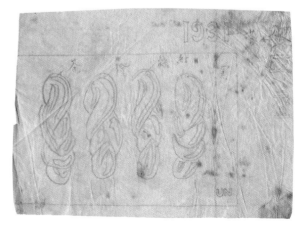

습작

연대 미상

기름종이에 연필

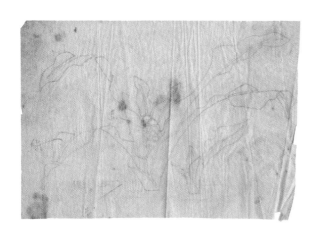

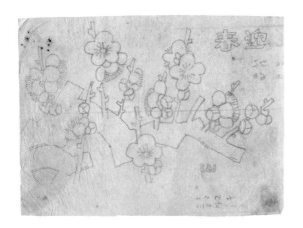

후카자와 사쿠이치(深澤索一)의 〈동(冬)〉

1926
목판

후카자와 사쿠이치(深澤索一)의 〈교외〉

1926
목판

후카자와 사쿠이치(深澤索一)의 〈항〉

『항』2호 표지

1927

목판

후카자와 사쿠이치(深澤索一)의 〈항〉

『항』3호 표지

1927

목판

〈풍경〉

히라카와 세이조오(平川淸藏) 판화로 추정

연대 미상

목판

히라츠카 운이치(平塚運一)의 목판화들

평양 대동문과 경주 계림을 그린 작품이 스크랩되어 있다.

신문기사

무나카타 시코(棟方志功)에 관한 신문기사

반야심경 6폭병풍

1979

목판

138×65cm(6폭)

이 병풍은 6폭이지만 판은 모두 4개로 반야심경이 새겨진 4면 중 2면의 뒤쪽에 비천상을 새겨넣었다. 그리고 비천상이 있는 좌측 판목 하단 부분에는 여백을 이용해 작은 글씨로 '己未年夏間彫造'(1979년 여름에 새기고 찍다)라고 음각으로 새겨 놓았다.

그날이 어제인데

李朱筍

혼히들 인생을 나그네에 비유하거니와, 내 여로(旅路)에 있어, 근 스무 해를 묵새긴 정음사는 못 잊을 주막이었다.

게으른 나그네가 이제 그 정든 주막을 나서 보니, 넘고 건너야 할 산하(山河)는 첩첩한데, 어느새에 해는 한낮이 기울었다.

그 무렵의 정음사

연분이 있었던가, 어찌어찌해서 내가 정음사 사원이 되어, 그 대문에 첫발을 들여놓게 된 것은, 1948년 9월이었던 것 같다. 하기야 고 윤동주씨의 『하늘과 바람과 별과 詩 (1948년 1월 발행, 초판)』의 자켓(카아버)을 목판화로 꾸미는 일로, 그 전해(1947년) 가을엔가 한 번 들른 일이 있기는 있었지만.

그때나 지금이나 늘 북적거리는 회현동 골목 – 제일은행 옆, 남산으로 이르는 길 -으로 좀 올라가다가, 다시 왼쪽으로 빠지는 좁은 골목 안에 들어앉은 해묵은 이층집이었다. 지붕을 넘는 늙은 향나무 두 그루가 마당에 솟아 있을 뿐, 이렇다 할 특징도 없는 건물이어서, 그 명성만큼이나 크고 으리으리할 줄로만 알았던 나에게는 좀 뜻밖이었다.

그러나, 매사에 외양보다는 내용에 치중하시는 최 선생님의 성품과, 실리 추구보다는 양서 보급을 앞세우는 정음사의 사시(社是)를 차차 깨달으면서부터는, 오히려 자랑스러운 마음으로 그 지붕 밑에 몸을 담아 왔었다.

정음사의 신입 사원으로서, 끝자리에 끼이게 되었을 때, 식구가 단출하다는 사실도 나를 어리둥절하게 하였다.

그 전통이나 실적으로, 한국 출판계에서 첫손꼽는 정음사가 아닌가. 사원들도 어지간히 많으려니 생각했었는데, 모두해서 한 여남은 명쯤 되는 사람들이 한 집안 식구처럼 오손도손 해 나가고 있었다.

높은 양반도 도도하지 않았고, 아랫사람들도 비굴하지 않았었다. 그저 위아래 없이 성실하고 부지런

하였었다.

　누가 시켜서가 아니라, 자진해서 하는 것이 사풍(社風)이었다. 나도 입사 당시에 들은, "일을 만들어서 하시오" 하시던 최 선생님의 말씀이 지금까지도 잊혀지지 않는다.

　정음사 대문은 일찍 열린다. 출근하기가 바쁘게 일손들을 잡는다. 부서에 따라 교정·인쇄 관계로 공장으로 뛰는가 하면, 출고·발송으로 책을 낸다, 짐을 싼다 하는 부산한 움직임으로 하루가 시작되는 것이었다.

　누구나가, 회사일이 아니라, 자기 집의 일처럼 했었다. 정 바쁠 때에는, 편집·영업이 한 덩어리가 되어서, 짐 꾸리기를 거들고, 꼬리표를 쓰곤 했었다. 식구는 많지 않아도, 이렇게 서로가 뜻을 모아서 하는지라, 힘 드는 줄을 몰랐다.

　저자·독자·거래처 손님들이 꾸역꾸역 들어서는 한옆으로, 짐짝들은 바리바리 나가고, 주문과 독촉의 전화벨은 성화같았다.

　　(그 때는 ②의 2841번 한 대뿐이었다.)

　복도고 방이고 할 것 없이, 발송할 책, 새로 들어온 책으로 들어차서, 발 옮겨 놓을 틈도 없는 사이를, 사람들은 게(蟹)처럼 모걸음을 치면서 비비대기를 치다보면, 어느 결에 하루가 간다.

　가다가는, 하루 일을 마치고 나서, 사장 이하 사동에 이르기까지, 탈파하고 둘러앉아서, 푸짐한 음식판도 벌인다. 먹고 웃고 하노라면, 팔다리에 새 힘들이 솟았다. 모두들 젊었고 의기들이 높았다.

　이틀 걸러로 신간이 나오고, 사흘이 멀다고 중판물(重版物)들이 나왔다. 우리도 꽤나 부지런히 만들었지만, 독자들의 독서욕도 어지간히 왕성했었다.

　당시만 해도 요즈음처럼 신문·잡지·라디오 등을 동원한 극성스런 선전은 없었건만, 책은 만들기가 무섭게 나가곤 했었다. 책이 독자를 찾아가서 빌붙는 게 아니라, 독자가 제 발로 책을 찾아오던 그리운 시절이다.

　그때의 정음사 책들을 이루 다 욀 수는 없지만,『우리 말본』,『한글갈』을 위시하여,『한글의 바른 길』, 『한글 독본』,『朝鮮史』,『尤庵先生戒女書』,『朝鮮時調集』,『朝鮮俗談集』,『朝鮮科學史』,『鄕歌麗謠新釋』, 『朝鮮米作硏究』,『朝鮮民謠集成』,『朝鮮文學史』,『朝鮮古代小說史』,『檀君神話의 新硏究』,『中國古代史綱要』,『丙子錄』등과, 이미 희구서(稀覯書)가 되어, 좀체 구경도 할 수 없게 된,『禦睡錄』,『村談解頤·禦

眠楯·續禦眠楯』, 그리고『하늘과 바람과 별과 시』,『作故詩人選』,『피리』등의 여러 시집들,『素服』,『산딸기』등의 많은 소설·수필 들하며, 또 '정음 문고' 수십 권과,『중등 조선 말본』을 비롯한 수많은 중등 교과서들이 얼른 머리에 떠오른다.

그 무렵의 용지난도 엔간찮았던지, 요즈음 독자들은 구경도 못했을, 선화지라는 종이가 판을 쳤었다. 이것은 파지를 재생한 것으로, 구멍이 숭숭 뚫린 데다, 종이 위를 손으로 쓸면, 모래가 버석거리는 거무칙칙한 종이었다. 지금으로선 상상도 할 수 없지만, 그 때에는 종이야 좋건 나쁘건, 책의 내용이 좋으면 그만이었다.

이럭저럭 차차 자리가 잡히면서, 소위 마카오 갱지라는, 스웨덴이나 노르웨이에서 만든 수입지가 쓰이게 되자, 책도 때를 벗기 시작했고, 출판계도 그런 대로 질서가 잡히면서 안정이 되어 가는 듯했다.

그러던 1950년 6월 25일에 사변이 터졌다. 출판계도 기능이 마비되고, 모든 활동은 중지되었다.

사변이 나자, 회현동 사옥에 쌓여 있던 지형을 모조리 행촌동에 있었던 최 선생님 댁 지형 창고로 옮겼다. 그 지형 창고는, 그해 봄엔가 새로 지은 것이었는데, 최 선생님께서 일일이 통풍·습기·화기 등에 세심하게 마음을 쓰신 것이었다.

그러나 얄궂게도, 회현동 사옥은 무사했었건만, 행촌동 지형 창고로 옮겼던 지형들은, 그 많은 장서들과 함께 전화(戰火)에 고스란히 재가 되고 말았다.

9·28 수복이 되고 보니, 사옥만 덩그러니 남았을 뿐, 지형 한 벌, 종이 한 연 없는 상태─. 물론 거래하던 인쇄소·제본소도 모두 폐허가 되다시피 한 실정이라, 출판은 엄두도 낼 수 없는 형편이었다.

갈팡질팡, 미처 정신도 차리기 전에 1·4 후퇴였다. 식구(사원)들은 서로의 소식도 모르는 채 뿔뿔이 헤어지게 되었다.

동란의 몇 해가 악몽처럼 흐르고, 내가 다시 정음사 식구가 된 것이 1957년 2월, 물러난 것은 1972년 11월이니, 앞뒤 열여덟 해 동안을 정음사에서 보냈다.

내가 모신 최 선생님

짧지 않은 세월을 최 선생님을 모시며 지냈다고는 하나, 내 짧은 자를 가지고서야 무슨 수로 그분을 잴 수 있으랴. 다만 내 눈에는, 최 선생님이야말로 정말 책을 아시고 출판을 아시는 분으로 비쳤다.

우선 최 선생님은 투기성을 띤 출판에 냉담하시다.

영리를 앞세워 독자의 구미에만 영합하는 것은, 출판 정신의 타락으로 보신다. 아무리 수지 타산이 맞을 듯싶어도, 사시에 어긋나는 투기적 출판은 하지 않으신다.

미상불 그 시절만 해도, 투기적 출판으로 어렵잖이 한몫 단단히 보는 수가 없지 않았었다. 어쩌다가 하루 아침에 한밑천 잡아가지고 출판사 간판을 버젓이 내걸지만, 섣부른 재주를 피우다가 하룻저녁에 가뭇없이 사라지는 출판사가 한둘이 아니었다.

최 선생님은 긍지와 책임을 가지고 출판에 임하신다.

정음사의 마아크는 양서의 상징처럼 되어 있어서, 정음사에서 책을 내면 내용을 보증받는 것이나 진배없는 만큼, 한 번쯤 정음사에서 책을 내고 싶어 하는 이가 많다. 그래서 많은 원고가 최 선생님의 손길 닿기를 기다렸다. 그러나 정음사로서 독자에 대하여 책임을 질 수 있는 내용인지의 여부를 가늠하지 않고서는 맡지를 않으셨고, 뜻에 맞는 원고는 타산을 뒤로 미뤄 가면서라도 출판해 주는 일이 드물지 않으셨다.

최 선생님은 편집 실무에 밝으시다.

원고를 대충 훑어 내려가시면서 벌써 완성된 책을 머리에 그리시는 모양이었다. 몇 호 활자, 몇 자, 몇 줄로 짜면 무슨 판, 몇 페이지짜리 책이 될 것인가를 용케 짐작하신다.

또 교정만 해도 그렇다. 어쩌다가 우리가 본 교정을 슬쩍 훑어보시는 수가 있는데, 제깐엔 보노라고 보았건만, 최 선생님 눈을 벗어나지 못하는 틀린 글자, 잘못된 구절이 재없이 튀어나온다. 그래서 우리는 다 된 책을 최 선생님께 선보일 때면, 사뭇 조마조마하다. 꼭 또 틀린 데를 집어내실 것만 같아서 말이다.

최 선생님은 웬만한 일에는 대범하시지만, 책 만드는 일에는 세심하시다.

단 한자, 한 마디라도 미심쩍은 것이 있으면, 적당히 넘기는 법이 없이, 기어코 밝혀내시고야 마는 성

미시다. 가끔 최 선생님을 거쳐서 돌아온 원고나 교정지에 보면, 여백에다가 '?'를 적어 놓으시는 수가 있다. '이 부분은 좀 이상하잖으냐'는 말씀인 거다. 물론 손수 바로잡아서 보내 주실 수도 있으셨겠지만, 우리들의 힘으로 밝혀내게 하시려는 것이다.

최 선생님은 교정에 정확하실 뿐 아니라, 신중하시다.

글자 한 자를 고치시는 데에도, 함부로 붉은 펜을 대는 일이 없으시다. 평소에 '교정자는 집장사령'이라는 말씀을 하시다. 죄야 있건 없건, 우선 집장사령이 치면 맞았지 별수 없다. 정판하는 이는, 틀렸건 맞았건 교정자가 붓을 댄 대로 안 고치고는 못 배긴다. 말이 쉬워 글자 하나, 글 몇 줄이지, 그것을 교정 본 대로 정판하려면 이만저만 애를 먹는 것이 아니다. 그러니 그 수고를 생각해서 교정의 붓은 신중히 놀려야 한다는 말씀이시겠다.

세상에 책 만드는 일만큼 까다롭고 실수하기 쉬운 일이 그리 흔할까. 아무리 애를 쓰고도 자신을 못 갖는 것이 이 일이라는 것을, 나는 최 선생님께 배웠다.

최 선생님은 저자와 독자를 퍽이나 아끼시고 위하신다.

저자에게는, 보다 좋은 책을 쓰는 데에 불편이 있을세라, 여러 모로 마음을 쓰신다. 아쉬워하는 참고 자료를 구해 주신다, 계약을 떠나서 재정적 후원을 하신다 하며, 자상하게 배려하신다.

독자들의 소리에는 진지하게 귀를 기울이시고, 충고나 문의의 편지에는 일일이 정중한 답장을 쓰신다.

출판사는 저자와 독자 사이를 이어주는 다리이다. 출판을 치부의 수단으로만 생각하여, 저자에게 야박하고, 독자에게 불손하다 보면, 언젠가는 그들의 버림을 받게 마련이라는 것을, 행동으로 가르치시는 것만 같았다.

최 선생님은 아랫사람을 거느리심에 있어, 마치 용병에 능한 장수를 방불케 하시다. 능한 사람, 서툰 사람, 약은 사람, 어수룩한 사람, 모두 포용하시되, 적재를 적소에 두어, 그 지닌 바를 한껏 발휘하게 하신다. 그 사람됨에 따라서 알맞는 일을 맡기시어, 그 사람 스스로의 힘으로 해 나가게 만드신다. "이건 어찌 했으면 좋겠습니까?" 하고 여쭈어 보면 "알아서 하시오." 하기가 일쑤이시다. '그만한 일은 네 힘으로 할 수가 있을 것이니, 잘 궁리해서 해 보라'는 것이리라.

누구나 자기의 능력을 인정하여 일을 맡겨주면, 책임을 느끼고 의욕이 생긴다. 따라서 자기의 능력껏 최선을 다하기 마련이다. 가다가는 실수도 있겠지만, 창의력이 는다.

최 선생님은 아랫사람을 사랑하시지만 잘못엔 엄격하시다.

잘못은 그 당장에 호되게 꾸짖으신다. 정말 정나미가 뚝 떨어지리만큼. 그러나 가슴에 멍을 들이지 않으신다. 따끔히 꾸짖으신 뒤에는 넌지시 풀어 주신다. 그것은 마치 종아리를 때린 뒤에 아플세라 쓸어주는 어버이의 손길이나 다름없다. 실쭉했던 마음이 저 모르게 풀리면서 코허리가 시큰해진다. 그래서 오래 모실수록 어렵고 우러러뵌다.

최 선생님은 글이 좋으시다. 붓을 잡으시면, 봄누에가 실을 토하듯 수월하게 글을 써 나가신다. 애써 말을 고르고 글귀를 다듬고 하여 멋을 부리려 드는 글이 아니라, 읽으면 읽을수록 맛이 나는, 쉽고도 스스럽지 않은 그런 글이다. 저만큼 높은 데서 점잔을 빼는 글이 아니라, 마주 앉아서 손을 잡아오는 그런 글이라고나 할까. 허세나 가식이 없는, 수다스럽지 않고 의젓한 글이다.

글은 사람이라던가. 이는 전혀 최 선생님의 인품에서 우러나는 것임은, 그분을 대해 본 이라면 잘 알 수 있을 것이다.

『세월도 강산도』(정음사, 1974.5.17) 205~212쪽

노냉기집

이정

　뼈대는 밭전자로 되어 있는데, 초벽을 치고 짚으로 이엉을 이은 데에다가, 외양간과 헛간을 겸한 부엌을 달아 지은 집이었다. 밭전자로 된 네 칸 중 하나는 아버지, 어머니, 그리고 우리 남매가 기거하는 방이었고, 하나는 웃방으로 쌀독, 항아리, 베틀, 길쌈에 쓰는 도투마리, 바디, 바딧집 등속의 물건들을 두는 방. 그리고 바깥쪽으로 붙은 방 하나는 외조부께서 촌동들을 모아놓고 글을 가르치는 글방이었다. 나머지 한 칸은 방을 들이지 않고 봉당으로 썼었다. 안방에는 고콜이 있어서 밤이면 잘게 쪼갠 관솔을 태워서 불을 밝혔는데, 타는 관솔에서 피어오르는 그을음에 얼굴이며 손은 말할 것도 없고, 저고리의 동정, 소맷부리 등이 까맣게 그을릴 수밖에 없었다. 조금 형편이 나은 집에서는 석유남포를 켰는데, 유리 꺼펑이에서 피어오르는 석유 그을음도 관솔 타는 그을음에 못지않았다. 추운 겨울이면 외조부께서는 아예 불을 켜지 않으시고 일찌감치 목침을 베시고 누우시는 것이었다. 아버지께서 아랫마을의 소줏집으로 마실을 가시고, 어머니와 우리 남매는 고콜 앞에 붙어 앉아서 아버지 돌아오시기를 기다리노라면, 집 뒤쪽에서는 얼음 터지는 소리 쩡쩡 들려오고, 앞산 낙엽송 수풀 위를 쓸고 지나가는 바람소리가 날 뿐이었다. 멀리서 들려오는 개 짖는 소리에 겨울밤은 깊어갔다. 어머니는 식구들의 버선이나 옷가지들을 깁다가 관솔불이 가물거리면, 다시 관솔을 지펴서 불을 돋우었다. 우리 남매는 그 곁에 쓰러져 자기도 하고, 아버지를 기다리다 지쳐서 꾸벅꾸벅 졸기가 일쑤였다. 이윽고 앞마당에 들어서는 발자국 소리가 쿵쿵 울리는가 싶자 이어 방문이 열리면서 아버지가 들어선다. 식구들이 모두 잠들고 나면, 고콜의 관솔은 혼자 타다가 가물가물 사위어버리며, 방안을 채운 칠흑 같은 어둠이 긴긴 겨울밤을 지킨다.

　뒤란 한 귀퉁이에는 앵두나무 한 그루가 서 있고, 뒤로는 싸리 울바자가 둘려 있었다. 여름이면 가지가 휘게 다닥다닥 열리던 앵두가 지금도 눈에 선하다. 하지만 우리는 그 앵두를 별로 따먹어본 적이 없었던 것 같다. 마늘을 심은 텃밭에 이어 삼밭이 있었는데, 그 싱싱한 삼 냄새가 향기로웠다. 뒤 개울에 나가서 동네 악동들과 어울려 돌을 뒤지면 가재가 선잠을 깨고 달아나는 것이었다. 진달래가 흐드러지게 산을 덮는 봄이면 솥뚜껑을 번철 삼아서 뒤집어 걸어놓고 전병도 부쳐 먹었는데, 코끝에 맡이던 들기름 냄새와 입안 가득히 퍼지는 고소한 맛…… 지금은 그런 향기 그런 맛을 어디 가서 찾아보랴.

집 앞은 바로 신작로였는데, 겨울이면 꽁꽁 얼어붙은 길을 지나가는 발구 소리가 사뭇 해금 소리를 내는 것이었다. 발구에는 생솔가리, 참나무 가지, 삳나무 등 겨울 땔감들이 어린 내 키로 한길이 넘게 실려 있었다. 머리에는 무명 수건을 질끈 동이고 두둑한 솜저고리에 솜토시를 끼고 팔짱을 낀 나무꾼의 수염에는 고드름이 달리고, 짚신감발은 얼음으로 덮여 있었다.

　녹으라들듯 한 봄볕 아래 잠꼬대처럼 들려오는 개 짖는 소리, 닭우는 소리가 한낮의 고요를 흔들어 놓고서는 다시 봄볕 속에 존다.

　장마철이면 집 뒤쪽에서 들려오는 개울물 소리가 요란했고, 밤이 되면 한결 사납게 들려서, 눈을 말똥말똥 뜬 채 별의별 생각을 다 하다가 슬그머니 잠이 들곤 했다.

　글방 끝나면 아이들과 어울려서 개울물에서 첨벙거리면서 돌을 뒤져가며 잡던 가재, 버들치, 꺽지, 종개 등은 말고도, 이제는 이름도 생각나지 않는 물고기들…… 이제는 아련한 과거 속으로 사라진 지 오래다.

표지 장정에서 출발한 판화가 이정(李靚)

홍선웅 / 판화가

한국의 출판미술이나 근현대판화사에서 이정(李靚)에 대해 지금까지 구체적으로 알려진 바가 없었다. 2014년에 미술문화에서 발행한 필자의 『한국근대판화사』에서 이정이 목판화로 제작한 윤동주의 시집 『하늘과 바람과 별과 시』의 표지장정과 윤곤강의 시집 『살어리』의 면지에 장식된 석류를 그린 그의 다색목판화를 소개한 적이 있었을 뿐이다. 그러나 그의 본명이나 생애에 대해서는 지금까지 자세히 모르고 있다가 근대서지학회 오영식 대표의 주선으로 이정의 따님인 이혜숙 선생을 만나게 되었고 그동안 몰랐던 이정의 생애를 조금이나마 더듬어 볼 수 있는 기회를 가질 수 있었다. 특히 소품들이지만 이정의 또 다른 판화를 접할 수 있었던 것은 큰 기쁨이 아닐 수 없다.

이번 글은 큰딸인 이혜숙[1]과 그녀의 남동생들, 그리고 이정의 누이동생(이혜숙의 고모)과 조카의 도움이 있었기에 가능했다. 특히 이정의 누이동생 이완순은 태어나면서부터 오빠와 함께 생활하였기에, 오래전 기억을 더듬어 가며 많은 이야기를 조카인 이혜숙을 통해 전해줄 수 있었다. 이 자리를 빌어 가족 여러분께 감사의 마음을 전한다.

가족이 소장하고 있는 유품을 통해 이정은 정음사에서 책 편집 외에도 표지장정과 속지 삽화, 글자 로고 등 출판 디자인에도 깊숙이 관여했음을 알 수 있었다. 그러나 본고에서는 판화분야에만 집중하여 기술하고자 하였다. 앞으로 한국의 근현대판화와 출판미술을 연구하는 많은 연구자들에 의해 이정의 또 다른 모습이 새롭게 조명되길 바라는 마음이다.

1. 이정의 어린 시절

이정(李靚, 1924~1995)의 본관은 연안이고 본명은 이주순(李朱筍)이며 호는 상현(尙玄)이다. 어린 시절에는 가족들 간에 이기욱(李基郁)이라고도 불렸는데 이는 집안의 항렬자가 '기'자 돌림이기 때문이다. 이정은 1924년 6월 26일(양력) 강원도 회양에서 부친 이병세(李秉世)와 모친 주총영(朱惣英) 사이에서 태어났다. 형제는 남매로 6살 아래 누이동생인 이완순(李完筍, 1930년 2월 16일생)이 있으며, 어린 시절은 강원도 김화군 임남면 노남리(현재 상판리)에서 보냈다. 이정이 6살 때인 1930년 가을에 부친이 세상을 떠나자 어머니 주총영은 이정이 8살이 되기 전에 어린 두 남매를 데리고 서울로 이주하였다. 당시 주총영은 아이들 교육을 위해 서울에 시집간 친정 여동생을 의지 삼아 이주를 결심한 것이다.

1 이혜숙은 1982년 여성동아 장편소설 공모에 당선되면서 작품 활동을 시작했다. 소설집 『바람 속의 얼굴들』, 『마음이 하는 일』 등이 있고, 어린이 책 『토끼전』, 『도깨비 손님』, 『계축일기』를 썼다.

도판 1_ 인왕산 밑에서 어머니와 누이동생과 함께 살 때의 이정

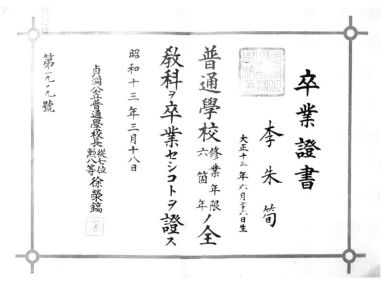

도판 2_ 이정의 정동공립보통학교 졸업장(1938년 3월 18일), 본명 이주순, 생년월일은 1924년 6월 26일 생으로 표기되어 있다

부친이 돌아가시기 전에 이정의 본명을 이기욱에서 이주순으로 개명한 것으로 보인다고 가족은 말한다. 그리고 이주순 이라는 이름이 본명으로 정식 기록된 것은 1938년 정동공립보통학교(현재 서울 봉래초등학교)의 졸업장에서 확인할 수가 있다. 또한 이정이란 화명을 처음 사용한 것은 1948년 1월에 정음사에서 발간한 윤동주의 시집 『하늘과 바람과 별과 시』의 표지판화 원본과 목차에서 확인할 수 있으며, '尙玄(상현)'이라는 호는 시집 발간 이전인 초기판화에서부터 사용한 것으로 확인되고 있다.

이 시집의 표지판화 원본을 보면 좌측 상단에 음각으로 '靚(정)'이라 새겨 넣었으나 출판된 인쇄본에는 지워져 있다. 그런데 시집의 목차 아래 부분에는 '裝幀 李靚(장정 이정)'이라고 표기하였다. 이어서 1948년 7월에 시문학사에서 발행한 윤곤강의 시집 『살어리』의 면지에 석류를 3도 다색목판화로 새겨 인쇄하였는데 판화 좌측 하단에도 '靚'이라고 표기되어 있어서 1948년 무렵부터 이 화명(畵

名)을 사용한 것으로 보인다.

한편 1974년에 정음사 최영해 사장의 화갑기념 송사집으로 발행한 『세월도 강산도』에 쓴 이정의 수필 「그날이 어제인데」를 보면 이주순이란 본명으로 발표하여서 그는 이정이란 화명과 이주순이란 본명을 오랫동안 같이 사용하였음을 알 수 있다. 그리고 '尙玄(상현)'이라는 호의 도서(圖署)는 그가 보관한 초기 판화장정인 『하늘과 바람과 별과 시』 원본과 윤곤강의 시집 『살어리』의 면지에 실린 석류를 그린 다색판화 원본에 찍혀 있으며, 6·25전쟁으로 세상에 나오지 못했던 김동리의 『역마(驛馬)』 내제지 원본에도 찍혀 있다. 그러나 출판사에서 발행한 이 책들에는 판화원본에 있는 상현이라는 도서는 지우고 인쇄하였다. 그 외에도 제작 연대는 미정이지만 두 권의 시집 발행 이전에 제작한 것으로 보이는 초기 판화들 중에서 상현이라는 도서가 찍혀 있는 판화가 여러 점 있기에 그는 일찍부터 이 호를 사용한 것으로 보인다. 그러면 여기서

잠시 이정이 태어났던 당시의 사회문화적 배경과 화단의 상황은 어떠했는지 간단히 살펴보도록 하자.

이정이 태어나기 전인 1910년대는 언론 출판의 자유가 제한되어 「황성신문」과 「대한매일신보」, 「제국신문」 등이 폐간되었고 자주독립의 의지와 항일의식을 고취시킨 목판화 도판 39점이 들어 있는 정인호의 『초등대한역사』와 초등학생용 국어교과서인 현채의 『유년필독』 같은 민간교과서는 발매가 금지되기도 했다. 민족의식을 일깨우는 이러한 교과서에 대해 식민지 교육정책의 일환인 교과용 도서검정규정을 발포(1908.8)하여 애국계몽 신교육운동을 탄압하던 시절이었다. 또한 전통문화에 대한 통제와 함께 문화주의 또는 식민지 종속문화로의 경향을 극대화 시켜 나가고 있었던 시기였다.

이러한 문화탄압 속에서도 이정이 태어났던 1920년대에는 강진희(姜璡熙, 1851~1919), 안중식(安中植, 1861~1919), 조석진(趙錫晉, 1853~1920), 지운영(池運英, 1852~1935), 오세창(吳世昌, 1864~1953) 등 서화협회 출신을 중심으로 한 전문미술인들의 활동이 부각되고 있었다. 또한 나혜석(羅蕙錫, 1896~1948) 등의 일본 유학파의 활동도 주목받고 있던 시절이었지만 3·1운동의 좌절을 겪으면서 지식인 사회에 '내적 개조론'이 팽배해지고 이광수의 민족개조론(1922)이 발표되는 등 식민지 지식인의 패배주의가 구습의 폐기와 함께 조선사회를 개조해야 한다는 신사조의 정신으로 대체되고 있었다.

이정이 태어나기 2년 전인 1922년에는 제1회 조선미전이 출발하였는데 심사위원으로 조선화에 이도영(李道榮, 1884~1933), 김규진(金圭鎭, 1868~1933)이 위촉되었고 서양화는 쿠로다 세이키(黑田淸輝), 타카기 하이쓰이(高木背水)가 참가하였다.[2] 그리고 1925년 8월에는 김복진(金復鎭, 1901~1940), 안석주(安碩柱, 1901~1951), 박영희(朴英熙, 1910~?)를 중심으로 한 조선프롤레타리아예술동맹이 조직되었다.

이정이 서울로 이주할 당시인 1930년대 초의 미술계는 대구에서 서동진(徐東辰, 1900~1970)을 중심으로 향토회가 창립되었고, 도쿄미술학교 출신들인 구본웅(具本雄, 1906~1953), 길진섭(吉鎭燮, 1907~1975), 김용준(金瑢俊, 1904~1967) 등이 목일회(牧日會)를 중심으로 새로운 모더니즘을 주창하며 활동하고 있었다. 이 당시 목일회 회원인 이병규(李昞圭, 1901~1974)가 제작한 표현주의 색채가 담긴 여러 점의 목판화가 양정고보 교지의 표지를 장식하고 있었는데 이 판화들은 1930년대 한국의 근대판화를 풍미하는 대표적인 창작판화라고 할 수 있다.

1930년대 후반에 들어서면 미나미 지로우(南次郞) 총독의 내선일체에 의한 조선동화정책으로 미술도 조선 향토색 논리를 지닌 서정성과 자연주의 일색에 묻히면서 순수주의를 표방해 나갔다. 이정이 보통학교를 졸업한 해인 1938년 4월에는 조선육군지원병령이 시행되고 국민정신총동원조선연맹을 창립하면서 급기야 조선문인협회는 황군위문작가단을 만들어 문필보국을 내세웠다. 미술도 마찬가지였다. 일제강점기 말엽인 1943년에는 '성전하(聖戰下) 미술보국에 매진한다'는 취지로 친일미술단체인 단광회(丹光會)가 창립되면서 심형구, 김기창, 이상범, 이건영, 장우성[3] 등은 반도총후미술전람회와 군국주의를 찬양하고 황국신민의 영광을 고취하기 위한 결전미술전에 출품하였다.

2 최열, 『한국근대미술의 역사』, 열화당, 1998, 158쪽.
3 민족문제연구소 편집부, 『식민지 조선과 전쟁미술』, 202~210쪽 참조, 민족문제연구소, 2004.

서울로 이주한 이정은 정동공립보통학교에 입학했으나 중간에 가정형편이 어려워 잠시 학교를 쉬었다가 다시 복학하여 15살이 되는 1938년 3월 18일에 6년간의 과정을 마치고 정동공립보통학교를 졸업하였다.[4] 전국적으로 조선육군지원병령이 2월에 발포되고 나서 곧 시행을 앞두고 있던 시점이었다.

이정은 정동공립보통학교를 졸업한 후 교장의 추천으로 조선총독부 도서관에 근무했는데 이곳은 해방 후에 국립중앙도서관이 되었다. 이정은 도서관에 근무할 때

도판 3-1_ 가운데가 이정. 양쪽 두 사람은 도서관 근무할 때 친구들이다.

인생에 큰 전환점이 되는 계기를 찾은 것으로 보인다. 이완순의 증언에 의하면 이정은 이곳에서 가와세 겐이치(川瀨健一)라는 일본 사람을 만났는데, 그는 총독부 관리였으며 업무를 위해 이정이 근무하고 있던 조선총독부 도서관을 자주 찾아와 이정에게 자신의 일을 돕도록 시켰다는 것이다. 이완순의 말만으로는 가와세 겐이치가 총독부에서 어떤 직책을 가졌던 사람인지 구체적으로는 알 수가 없다. 그러나 가와세 겐이치가 이정의 총명함과 일본어 구사력 외에 특히 그림 솜씨를 높이 사서 자기 일을 돕도록 시켰다는 이완순의 증언으로 미루어 그가 총독부 학무국 소속의 관리가 아니었을까 짐작해 볼 수는 있다.

〈도판 3-1〉 가운데가 이정, 양쪽 두 사람은 도서관 근무할 때 친구들이다.

국사편찬위원회 '조선총독부 직원록 해제'에 나와 있는 조선총독부의 기구 분과를 보면 이정이 근무하기 시작했

던 1938년은 제3기(1937~1945)에 속하는데 학무국은 학무과에 교육, 학예부서가 있고 편집과에는 교과용 도서를 출판하는 부서가 있었다. 1942년에 편집과는 편수과로 개칭되지만 이완순의 기억이 맞는다면 가와세는 학무국에 근무하면서 이정의 그림에 대한 재능을 알고 그림과 관계되는 여러 일을 시킨 것으로 생각할 수가 있다. 이러한 연유로 이정의 집에서는 가와세에 대하여 말할 때면 늘 '그림선생님'이라고 불렀으며 이러한 친분으로 인해 해방이 되어 가와세가 한국을 떠나는 날에는 이정의 어머니가 백설기를 쪄서 싸주면서 전송했다는 이야기도 전해지고 있다.

이 시점에서 가와세 겐이치와의 관계가 중요하게 부각되는 것은 그가 이정에게 직접 그림과 판화를 지도했던 인물은 아니지만 그림에 대한 안목을 키워주고 후원자로서의 역할까지 하려했던 인물이었기 때문이다.

이정의 큰딸 이혜숙은 8·15 해방을 맞아 일본으로 돌아가게 된 가와세가 이정을 일본에 데리고 가서 그림 공

---

4   졸업증서에는 이주순이 1924년 6월 26일생으로 표기되어 있고 정동공립보통학교 제1909호로 기재되어 있다

부를 시켜주고 싶어 했으며, 일본으로 돌아간 후에도 이정에게 편지를 보내 자기를 찾아오라는 권유를 했다는 이야기를 고모 이완순에게 오래 전부터 여러 차례 들었다고 한다. 이혜숙은 그 당시 이정 역시 가와세의 설득에 마음이 흔들린 적이 있었으나, "어쩌다 한번 그런 뜻을 내비쳤더니 어머니께서 가타부타 아무런 말씀은 없이 내 손목을 붙잡고 하염없이 우시기만 하시더라. 그 마음을 자식인 내가 어찌 모르겠니. 결국 내가 뜻을 접고 말았다"는 이야기를 아버지로부터 직접 들었다고 한다. 자신이 떠나면 어머니 혼자 가정을 꾸려가야 하는 형편을 이정이 모른 체 할 수가 없었던 것이다.

이정이 어려서부터 미술에 대해 남다른 열정을 지니고 있었음은 이완순의 증언에서 그 실마리를 찾을 수 있다. 이정이 보통학교를 졸업하고 만 14세의 소년가장이 되어 도서관에 근무하던 시절의 이야기이다. 어머니와 누이동생과 셋집에 살고 있으면서 낮에는 도서관에서 근무하고 밤에는 다락방에 올라가 그림만 그려서 누이동생 이완순은 집에 와서도 자기와 놀아주지 않는 오빠가 원망스러웠다고 한다. 그렇게 그린 그림들이 다락방에 가득 찼었는데 어느 날 이정이 퇴근해서 집에 돌아와 보니 어머니가 그 그림들을 벽지대용으로 써버려 이정이 대성통곡을 하며 벽에서 떼어냈으나 이미 그림으로서 회복이 불가능한 상태였다는 것이다. 이혜숙도 자신이 어렸을 때 집에 놀러온 고모가 아버지(이정)와 지나간 추억담을 나누면서 이 이야기를 하는 것을 옆에서 들은 기억이 있다고 한다. 이정은 이미 15, 16세인 어린 나이에 다락방에 그림을 가득 채울 정도로 그림에 대한 열정이 깊었고 실기를 통해 스스로 학습하고 있었던 것이다.

이정은 이렇게 독학으로 학습하는 과정 속에서 어떤 계기로 인해 판화에 대한 관심을 갖게 되었을 것이다. 이정이 근무했던 당시 조선총독부 도서관과 학무국에는 많은 화집 및 미술관련 서적이 있었기 때문에 10대 중반의 그림을 좋아하는 어린 소년인 이정은 도서관에 있는 미술관련 서적을 보면서 스스로 공부할 수 있는 기회가 주어졌던 것으로 보인다. 또한 각종 장서가 있는 총독부 도서관은 총독부 학무국 소속의 교과서 삽화를 그리는 화가들이 들락거릴 뿐만 아니라 문화재와 문화정책을 수립하는 문화활동 관련자들과 관리들이 자주 찾는 곳이다. 그래서 이정은 자연스럽게 이들과 접촉하며 그림과 판화에 대한 무한한 동경을 가슴에 담을 수 있는 기회를 가졌을 것이다. "나는 독학으로 판화를 배웠다"라는 아버지의 말을 큰딸인 이혜숙이 기억하고 있는 점을 보아서 가와세 겐이치의 지도와 후원, 그리고 도서관의 많은 자료들이 이정으로 하여금 그림과 판화에 대한 열정을 갖게 하였다는 생각이 든다. 더군다나 이정이 당시에 직접 스크랩했던 스크랩북 유품을 보면 추정을 뛰어 넘어 어느 정도 근거를 갖춘 일면들이 보이고 있다. 스크랩북에는 1920년대와 1930년대 모더니즘 계열의 일본 판화가들 판화 인쇄물이 많이 수록되어 있기 때문이다. 그리고 해방 후에도 정음사에 근무하면서 그가 직접 판각하여 디자인한 책 장정들의 원본 판화와 스케치도 함께 수록되어 있다.

그러면 여기서 정음사 근무 전후로 시기를 나누어서 판화를 하게 된 배경을 알아보고 그가 판화로 장식한 몇몇 표지장정들을 살펴보면서 그의 작품세계로 들어가 보자.

2. 정음사와의 인연과 스크랩북

이정은 총독부 도서관 근무 시절부터 습득한 예술에 대한 날카로운 재능을 기반으로 스스로 창의적인 예술세계를 다져온 것은 틀림이 없다. 다만 감수성이 강한 이 시절에 이정은 가와세 겐이치와 또 다른 어떤 예술가나 관리를 통해서 그림에 대해 폭넓은 이해를 갖게 되었고 스스로 학습하며 자신의 예술세계를 구축해 나간 것이 아닌가 유추해 볼 수 있다.

이완순의 증언에 의하면 1938년에 도서관 근무를 시작했던 이정은 몇 년 후 징용으로 차출되기 얼마 전에 을지로 3가에 있는 일본인이 경영하는 출판사로 일자리를 옮겼다고 한다. 아마도 가와세의 추천에 의한 것이 아닐까 추정이 된다. 이정은 이때부터 책표지 장정이나 속지 삽화를 그렸던 것으로 보인다. 그리고 이정은 누이동생 이완순이 보통학교를 졸업(소화 19년, 1944)하기 1년 전인 1943년에 징용을 당해 규슈 오이타현(大分縣)에 있는 군부대에서 사무직 행정업무를 보다가 1945년 해방과 함께 귀국하였다. 그리고 해방 다음해인 1946년에 부인 임순자(林順子, 1927~1995)와 결혼하여 삼남매를 두었는데 큰딸 이혜숙(1947년생), 큰아들 이예승(1954년생), 둘째아들 이현승(1957년생)이 있다. 이혜숙의 회고에 의하면, 이정은 성품이 성실하고 강직하여 맡은 일에 최선을 다하는 한편, 부인과 아이들에게 다정했고 감성적이어서 좋아하는 시인의 시를 즐겨 암송하곤 하였다 한다. 늘 회사 업무로 바빴지만 어쩌다 일찍 퇴근하는 날에는 저녁상을 물리고 나서 삼남매와 더불어 시 외우기 내기를 했는데, 특히 한국적 정취가 흐르는 미당 서정주의 시와 군더더기 없이 깔끔하면서 읽는 이의 마음을 파고드는 영광출신인 시조시인 조운(曹雲)의 시조를 좋아하였다는 것이다.

이야기 끝에 이혜숙은 아버지 이정이 특히 잘 외우곤 했다는 조운의 시조 '석류'를 외워 들려주었다.

투박한 나의 얼굴 두툼한 나의 입술

알알이 붉은 뜻을 내가 어이 이르리까

보소라 임아 보소라 빠개 젖힌 이 가슴

이 시조를 들어보니 이정이 윤곤강의 시집에 석류를 판화로 장식한 것이 우연이 아니었다는 생각이 든다.

이정은 정음사에 입사하기 전인 1947년 가을에 회현동 골목 안에 있던 정음사에 들려서 윤동주 유고 시집 『하늘과 바람과 별과 시』의 표지장정을 목판화로 제작한다.[5] 이 시집은 다음해인 1948년 1월에 출간되었으며 그리고 1948년 7월에는 시문학사에서 출간한 윤곤강의 시집인 『살어리』에 3도 다색판화로 제작한 석류를 그린 목판화를 면지에 장식하고 속지에는 먹1도의 단색판화인 〈동트는 새벽〉을 제작하여 장식한다. 이 모두 정음사 직원이 되기 전 일이다.

이런 사실은 그 당시 이정의 판화로 제작한 책 장정이나 삽화 솜씨가 출판인들 사이에 어느 정도 알려져 있었을 가능성을 짐작케 한다. 때마침 여러 분야의 책들을 출판하고 있던 정음사는 그러한 이정의 능력을 시험해 보기 위해 윤동주 시집의 표지장정을 맡겨 보았고, 결과가 마음에 들자 정식 직원으로 채용했을 것이다.

이렇게 해서 정음사에 입사한 것은 윤동주 시집과 윤곤

5 이주순, 「그날이 어제인데」, 『세월도 강산도』, 정음사, 1974, 205쪽.

도판 3-2 6·25전쟁이 났던 무렵 정음사에서 찍은 사진으로 추정됨.

강 시집이 출간된 이후인 1948년 9월경이다.[6] 이정에게는 편집자 겸 출판 디자이너로서 첫 무대가 되는 셈이다. 그런데 그가 출판사에서 책의 제자나 출판사 로고와 장정의 표지화를 대부분 목판에 판각하여 판화로 장식했던 점을 주목해서 살펴볼 필요가 있다. 이것을 보면 마치 이정은 오래전부터 목판화를 했던 것이 아닌가 하는 생각을 가지게 한다.

다음은 이정의 누이동생 이완순의 회고담을 이혜숙이 전한 말이다. "아버지가 징용당해 일본에 계실 때 손수 대나무를 깎아 도시락통과 젓가락, 그리고 그 젓가락을 담는 통을 만드셨는데 귀국하시면서 젓가락과 젓가락 통을 기념으로 가져오셨대요. 그 젓가락 통에 아버지가 손수 새겨 넣은 무늬가 예뻐서 고모가 애지중지했었는데 6·25전쟁 때 피난을 가면서 미처 챙기지 못했다고 합니다."

실제로 이정은 생전에 조각도로 나무를 깎아 소품을 만드는 것을 좋아해서 작은 수레와 사보(유럽에서 농부들이 신는 나막신의 일종)를 현재 유품으로 남겨 놓고 있다.

가족이 전하는 이러한 일화에서 이정은 타고난 재능도 있었지만 스스로 하고자 하는 열망도 컸던 것으로 보인다. 조각도로 작은 목공예품을 만드는가 하면 이혜숙이 소장하고 있는 스크랩북 유품에는 회화나 드로잉보다도

1920년대와 1930년대 일본의 유명한 목판화가들의 인쇄된 작품을 가위로 오려서 스크랩해 놓은 것이 많기 때문이다. 그럼 여기서 이정의 판화를 이해하기 위해 이정이 스크랩 해놓은 일본 판화가 몇 사람을 살펴보자.

먼저 히라쓰카 운이치(平塚運一, 1895~1997)의 작은 판화 인쇄물들이 눈에 띈다. 장서표 크기 정도 되는 소품들인데 히라쓰카 운이치가 한국을 세 번 답사하면서[7] 경주 계림과 남대문, 평양 대동문을 그린 판화가 있다. 그 다음 온치 코우시로우(恩地孝四郎, 1891~1955)의 기하학적인 추상적 이미지를 보이는 다색목판화도 몇 점 있으며, 인물 형상을 목각 꼭두 인형처럼 그리고 있는 마에카와 센판(前川千帆, 1888~1960)의 다색인물판화도 있다. 그리고 수성물감으로 담백하고 따뜻한 서정성이 깃든 색감을 표현한 마에다 마사오(前田政雄, 1904~1974)는 다색목판화가로 유명하다. 그 외에 카와카미 스미오(川上澄生, 1895~1972)와 여러 판화가들의 인쇄된 판화 작품들을 오려서 다수 스크랩해 놓았다. 특히 아오모리현 출신 판화가인 무나카타 시코(棟方志功, 1903~1975)의 신문 연재 판화와 글을 여러 점 모아서 스크랩해 놓은 것을 보면 이 당시 이정은 어린 나이지만 목판화에 대한 관심이 상당히 컸던 것으로 보이며 이렇게 신문에 연재된 글과 판화작품을 통해서 나름대로 판화를 공부한 것이 아닌가 생각해본다.

이정이 스크랩해놓은 판화는 대부분 1920대와 1930년대 일본 모더니즘 계열의 대표적인 창작판화이다. 창작판화는 일본의 전통목판화와는 차이점이 있다. 일본의 전통목판화인 우끼요에(浮世繪)는 화사(畵師)가 밑그림을 먼

---

6 위의 책, 정음사, 1974, 205쪽.

7 홍선웅, 『한국근대판화사』, 미술문화, 2014, 216쪽. 히라쓰카 운이치(平塚運一, 1895~1997)는 창작판화 보급을 위해 일본 전국을 돌며 목판화 순회강습을 통해 판화를 지도하면서 창작판화의 대중화에 앞장섰던 판화가이다.

도판 4-1 **스크랩북에 있는 히라쓰카 운이치(平塚運一)의 판화**

저 그리고 각수(刻手)가 판목에 각을 하는 분업화된 작업 방식이지만, 창작판화란 판화가가 직접 밑그림을 그리고 밑그림을 판목에 붙여서 조각도로 파고 판목에 물감칠을 해 인쇄까지 마무리하는 것을 말한다. 이정은 이렇게 스크랩한 창작판화들을 보면서 판화에 대한 안목을 키웠던 것으로 보인다.

이정은 1938년부터 도서관에 근무했다가 을지로에 있는 일본인 출판사에 근무하면서 1943년에 징용으로 일본에 갈 때까지 대략 5년 정도 그림과 판화에 대한 안목을 키워나갔고, 스스로 습득하고 연마하면서 실력을 키워 나갔다. 이때부터 이정은 자신이 스크랩해놓은 판화스크랩북을 뒤적이면서 목판화 작업을 했을 것으로 생각된다. 이것은 그의 관심이 그림보다는 판화에 더 집중되어 있음을 보여주고 있다. 그리고 이후 1946년경부터 작업한 것으로 보이는 그의 판화 원본들을 통해서도 확인 할 수 있다.

스크랩북에는 정음사에 입사하기 전인 1947년에 그린 간난아이 때의 〈혜숙이〉와 이혜숙이 좀 더 컸을 때 그린 것으로 보이는 연필스케치가 있어서 눈길을 끈다. 이 스케치를 보면 '1947-9-1'이라는 연도 표시가 있고 이미 작가로서의 성숙된 기량을 보이고 있기 때문에 그동안 쉬지 않고 그림공부에 매진했던 자취를 엿볼 수 있다. 일

도판 4-2 **마에다 마사오(前田政雄)의 다색수성목판화**

본 작가의 판화 인쇄물과 연필 스케치, 수채화, 정음사 근무 이전의 초기에 제작한 연습본 소품 판화들, 정음사 시절에 제작한 판화 원본과 글씨로고, 알파벳 펜글씨 등을 보면 이정은 도서관 시절부터 정음사 근무 때까지 오랫동안 스크랩을 해왔으며, 이미 오래전부터 목판화에 대한 애착이 컸으나 현재 유족들이 소장하고 있는 유품은 1946년경부터 제작한 것으로 보이는 판화가 있을 뿐

도판 5-1 **이정의 연필스케치, 〈혜숙이〉, 1947-9-1**

도판 5-2 **이정의 연필스케치**

이다. 그러나 이것은 현존하는 판화유품만을 통해서 정리할 수 있는 논리이지만, 징용에 가서도 조각도로 대나무 젓가락 통에 문양을 새길 정도로 조각도를 다루는 기량이 있었다면 이미 징용 가기 전인 을지로 출판사 근무 시절부터 목판화로 장정을 제작했을 가능성도 배제할 수는 없다.

3. 초기 판화와 정음사의 표지 장정

이정은 1948년 9월경에 정음사에 입사하여서 1972년 11월에 정음사를 퇴사했는데 6·25 한국전쟁 시기를 제외하면 18년을 정음사와 함께한 셈이라고 이정 본인이 술회하고 있다.(『세월도 강산도』 중 「그날이 어제인데」에서)

정음사는 원래 연희전문학교 교수로 재직 중이던 최현배 선생이 『우리말본』과 『한글갈』을 출판하기 위해 1928년에 서대문구 행촌동에 있는 자신의 집에 설립한 것인데 광복 후에 최영해(崔暎海) 사장이 북창동에 출판사 사무실을 마련했다가 1946년에 중구 회현동으로 사무실을 옮겼다. 회현동으로 이주한 정음사는 당시에 『우리말본』을 비롯한 국어학 서적 30여 종과 『조선고대소설사』 등 국문학 서적 30여 종을 발간하였고, 윤동주의 『하늘과 바람과 별과 시』를 비롯해 시집 20여 종을 간행하며 활발하게 움직이고 있던 출판사이다.[8] 이정은 이 당시에 편집부 직원으로 입사했지만 책 장정에 뛰어난 재능이 있었기에 일찍이 책 표지의 디자인을 담당하였다.

이정의 초기 장정은 대부분 판각에 의한 글자와 목판화 표지에 집중되어 있다. 글자 로고에서부터 표지판화까지 판목에 새기고 찍어서 제작한 표지장정이 많기 때문이다. 물론 후기에 들어서는 한글뿐만 아니라 로마자나 알파벳 등 다양한 글씨체를 펜과 붓으로 연습한 것도 눈에 띄지만 이 글에서는 이정의 작품을 초기와 중기, 후기로 나누어서 판화에 국한해서 분석하는 것에 중심을 두고자 한다.

판화에 대한 것은 그동안 출판된 책표지와 스크랩북에 남겨놓은 원본을 토대로 하였다. 특히 정음사 도서의 장

---

8 『한국민족대백과사전』 19, 한국정신문화연구원, 884쪽.

도판 6-1 이정 초기판화 〈작품 1 - 정물〉/ 제목은 필자가 작품을 구분하기 위해 편의상 붙인 것이다.

도판 6-2 이정 초기판화, 〈작품 2 - 사찰〉/ 제목은 필자가 붙인 것이다.

그 이후 제작한 시집의 판화표지를 통해 그의 작품세계를 살펴보자.

1) 〈작품 1 - 정물〉, 〈작품 2 - 사찰〉, 〈작품 3 - 여인〉 세 작품은 필자가 설명을 하기 위해 편의상 붙인 제목이다. 〈작품 1 - 정물〉은 이정의 초기판화 중에서도 제작시기가 가장 앞선 것으로 보인다. 둥근칼을 이용해서 음양각으로 사물의 형태를 단순하게 표현하고 있는데 화면구성이나 둥근칼 하나에만 의존한 걸로 보아서 초창기의 미숙한 면이 보이는 작품이다. 〈작품 2 - 사찰〉은 세모칼을 써서 음각으로 사찰과 나무의 형태를 만들고 평칼로 다듬듯이 여백을 처리하면서 완성한 작품이나 여기서도 불완전한 구도와 형태의 미숙함이 엿보인다. 〈작품 3 - 여인〉은 광주리를 머리에 이고 가는 시골 여인의 모습을 표현한 것인데 향토적 서정성이 배어 있는 작품으로 둥근칼과 세모칼, 평칼을 적절히 배합한 전형적인 음양각 판화이다. 여인의 걸어가는 모습을 둥근칼로만 음각으로 표현하였고 인물의 외곽을 세모칼로 형태를 만들어 평칼로 여백을 말끔히 다듬었다. 길가와 언덕을 파내어 인물의 형상을 뚜렷이 부각시켜 음양각이 조화를 이루는 각법을 사용하였으며, 하늘과 언덕과 인물의 그림자를 먹색으로 처리하여 흰 바탕의 여백과 대비시키며 단단한 화면구성을 만들고 있다. 앞의 판화보다는 발전된 능숙한 각법과 화법의 연결이다.

정과 시문학사 등의 장정에서 보여준 판각의 디자인적인 구성과 표지판화에 담겨진 회화적 요소와 각법 등은 비록 그것이 소품이라 할지라도 판화작품으로서의 수준과 작가로서의 정신을 탐색하는 데 충분하다는 생각이 들었기 때문이다. 그러면 이정이 『하늘과 바람과 별과 시』표지장정 이전에 제작한 것으로 보이는 〈작품 1 - 정물〉과 〈작품 2 - 사찰〉, 〈작품 3 - 여인〉에 대해 먼저 살펴보고

도판 6-3 이정 초기판화, 〈작품 3 - 여인〉/ 제목은 필자가 붙인 것이다.

도판 6-4 최지원, 〈걸인과 꽃〉, 목판화, 1939

서는 인쇄본 보다 목판의 판각흔적이 뚜렷함을 알 수 있다. 그러면 여기서는 판화장정 원본을 토대로 살펴보도록 하겠다.

시집 표지장정 원본을 보면 시집의 제자와 저자, 출판사 이름을 모두 목판으로 새겨서 찍은 캘리그래피(Calligraphy)이다. 제자를 보면 굵은 한글 고딕체의 각(刻) 맛이 뚜렷하면서도 글자를 재미있게 배치하여 무거운 느낌을 주지 않는다. 작가 이름과 출판사 이름은 한문 세로 굵기 견명조체 형식을 취하고 있으며 단정해 보인다.

표지판화는 가로 크기로 청색과 먹색 2도만으로 찍은 수성다색목판화이다. 표지판화는 마치 무대를 보는 것처럼 검푸른 밤하늘과 먹색의 앙상한 나목, 그리고 나목의 주변에는 흰 눈이 쌓인 것처럼 여백을 만들어 밤의 적막함을 강하게 드러내고 있다. 마치 주인공이 없는 무대의 모습처럼 밤의 적막을 연출 한 것은 어쩌면 해방을 몇 달 앞두고 세상을 떠난 윤동주 시인에 대한 그리움을 표현하고 있는지도 모른다. 나목 주변을 군더더기 없이 단순하게 창칼로 오려낸 듯한 칼맛의 분위기 때문에 화면이 더욱 정숙하고 고요해 보인다.

나목을 소재로 마치 종이를 오려내듯이 창칼로 나목의 테두리를 말끔하게 판각하여 나목과 어둠 속의 하늘을 반듯하게 구별하고 있다. 스크랩북에는 나목을 소재로 한 판화가 2점 더 보인다. 이 판화는『하늘과 바람과 별과

특히 광주리를 이고 가는 여인의 품새와 화면 구성이 최지원의 목판화 〈걸인과 꽃〉(1939)에서 물동이를 이고 가는 여인의 모습과 닮아 보여 이미 평양 출신 판화가 최지원(崔志元, ?~1939)의 판화까지 찾아가며 공부한 것으로 보인다. 이러한 판화기법으로 보아서 세 작품 모두 제작 시기는『하늘과 바람과 별과 시』표지장정보다 앞선 1948년 1월 이전인 1946년에서 1947년의 초기판화로 보이며 〈작품 1〉과 〈작품 2〉에는 '상현'이라는 도서가 찍혀 있어서 이때부터 이미 '상현'이라는 호를 사용하였다고 볼 수 있다.

2) 윤동주 시집『하늘과 바람과 별과 시』, 정음사, 1948년 1월 발행, 표지장정 이정, 표지판화(원본, 이혜숙 소장).

이 시집의 표지장정은 이정이 정음사에 취직하기 전인 1947년 가을에 출판사인 정음사에 들러 제작하여 다음해 1월에 출간한 판화장정인데 인쇄된 책표지와 유가족이 소장하고 있는 표지장정 원본을 비교해 보면 원본에

도판 7-1 윤동주의 유고 시집 『하늘과 바람과 별과 시』 표지판화, 정음사, 1948, 오영식 소장

도판 7-2 이정이 다색목판화로 제작한 윤동주 시집 하늘과 바람과 별과 시』의 표지판화 원본, 1948년 1월 출간. 정음사

작된 연습판본으로 보인다. 이 판화에도 '상현'이라는 도서가 좌측 하단에 찍혀 있어 이정의 작품임을 확인할 수 있다. 이 판화를 보면 밤하늘에 별이 총총한 가운데 깎아지른 길가에 전봇대가 서있고 길 언덕받이 위로 나목이 있는 단색판화이다. 음양각을 사용해 어둠의 고적한 분위기를 자아내고 있는 이 판화는 윤동주 시집의 표지장정과 매우 흡사한 측면이 있으나 화면구성이 탄탄해 보이지 않는 연습판본 중 하나이다. 이와 비슷한 또 다른 판화가 있는데 길가 언덕받이에 전봇대가 있는 낮 풍경을 그린 판화로서 이 판화도 시집 표지장정 이전의 연습판본으로 보이며 여기에도 우측 하단에 상현이라는 낙관이 찍혀 있어서 이정의 판화임을 확인할 수 있다.

그런데 『하늘과 바람과 별과 시』 표지판화 원본을 비롯해서 나목과 전봇대를 그린 이정의 초기 연습판본은 이정이 스크랩북에 수록한 후카자와 사쿠치(深澤索一, 1896~1947)의 판화와 흡사한 분위기를 보여서 초기에 그의 영향이 있었던 것으로 판단이 된다. 이정이 스크랩한 판화에

시』표지장정 보다 구도와 각법(刻法)에서 미숙한 점이 많아 『하늘과 바람과 별과 시』 인쇄본 표지판화 이전에 제

는 1932년 백과 흑(白과 黑)社에서 발간한 후카자와 사쿠치 자선소품집 1(『索一自選小品集1』)에 들어 있는 판화가

도판 7-4 전봇대가 있는 낮 풍경을 그린 또 다른 초기의 판화

도판 7-3 나목을 소재로 한 이정의 초기 작품으로 시집의 표지판화를 위한 연습본으로 보인다. 상현이라는 도서가 찍혀있다.

도판 8 후카자와 사쿠치(深澤索一, 1896~1947)의 판화 〈동(冬)〉, 1926. 『索一自選小品集』 1에는 나목을 소재로 한 판화가 여러 점 수록되어 있다.

모두 스크랩되어 있다. 이 자선소품집 1에는 집과 사람과 나목이 있는 〈동일(冬日)〉(1924)과 〈양관(洋館)〉(1924), 길가에 나목이 그려져 있는 〈동(冬)〉(1926)과 길가에 밭이 있고 전봇대가 있는 〈교외〉(1926)라는 작품이 소개되고 있어서 주목을 끈다. 후카자와 사쿠치는 『시와 판화』 5집(1924, 시와 판화사)에 전봇대와 나목이 보이는 〈풍경〉(1924)이라는 판화를 게재했으며, 판화 잡지인 『항(港)』 2호(1927, 港社)와 『항(港)』 3호(1927, 警醒社)의 표지판화도 그의 작품이다.[9] 이렇게 이정은 스크랩북에 『항(港)』 2호와 『항(港)』 3호의 인쇄본 표지까지도 갈무리해 놓은 것으로 보아 오래전부터 후카자와 사쿠치의 판화에 대해 나름대로 연구를 하고 있었음을 알 수 있다.

다시 이야기를 『하늘과 바람과 별과 시』 표지판화 원본

으로 돌아가 보자. 판화 원본을 보면 좌측 상단에 '靚(정)'이라고 새겨놓고 그 위에는 '尙玄'이라는 도서도 찍어 놓았다. 그러나 출판된 시집 표지에서는 정이란 화명과 상현이라는 호가 지워 져 있다. 인쇄본 표지의 특성상 개인적인 작가의 표지(標識)는 없애기 때문이다. 그러나 시집 목차에는 '裝幀 李靚(장정 이정)'이라 밝히고 있다.

이외에도 상현이라는 호는 조선어학회의 김원표가 편

9 『日本の版畵3 1921-1930』, 東京新聞, 2001, pp.52~53 참조.

88

도판 9_ 『조선속담집』 표지판화 원본, 1948

처음 사용한 것은 『하늘과 바람과 별과 시』 시집에서부터 이다. 이 시집의 표지판화 원본에는 좌측 상단에 '정'이라 고 음각으로 새겼으며 출간된 시집 목차에는 하단에 '裝幀 李靚'이라고 밝혀 놓았다. 이어서 1948년 7월에 시문 학사에서 출간한 윤곤강의 시집인 『살어리』의 면지판화 에도 '靚'이라고 새겨놓았다. 그래서 이정(李靚)이란 화명 은 1948년 윤동주 시집에서부터 처음 사용하였음을 알 수 있다.

그리고 『살어리』 시집의 속표지에 해당하는 양쪽 면지 에 찍혀있는 판화는 푸른 하늘을 배경으로 속이 터진 채 가지에 매달려 있는 석류 두 개를 3도 다색수성목판화로 제작한 것이다. 화면에 나타난 붉은색과 주황색의 강렬함 에서 석류가 지닌 풍미를 짙게 드러내 보인다.

그런데 〈석류〉 판화 원본에는 '靚'이란 이름이 우연인 지 아니면 일부러 한 작업인지 찢어져 있고 그 옆에 '尙玄'이라는 호의 도서를 찍어 놓았다. 그러나 인쇄된 책 면

집하고 정음사에서 발행한 『조선속담집』 (1948) 표지판화 원본 좌측 하단에도 도서가 찍혀 있다. 또한 6·25전쟁으로 햇빛을 못 본 김동리 단편집 『역마(驛馬)』의 내제지 원본판 화 상단에도 찍어 놓았다. 그리고 말년에 제 작한 〈般若心經(반야심경)〉 병풍 앞뒤 면을 장 식한 〈聖德大王神鐘飛天像(성덕대왕신종비천 상)〉 판화에도 '李基郁(이기욱)'도서와 '尙玄(상 현)'이라는 도서가 찍혀 있어서 상현이라는 호는 초기에서부터 말년까지 유일하게 사용 한 호라고 볼 수 있다.

3) 앞서 밝혔듯이 화명인 '靚'이란 이름을

도판 10_ 윤곤강 시집 『살어리』 면지에 실린 이정의 〈석류〉, 1948년 작으로 3도 다색목판화이다. 시문 학사. 〈석류〉 제목은 필자가 붙인 것이다. 靚(정)은 '꾸미다', '고요하다'라는 두 가지 뜻을 담고 있지만 이 정의 조용한 성격으로 보아 '고요하다'라는 의미가 강하다.

도판 11_ 윤곤강 시집『살어리』속지에 실린 이정의 〈동트는 새벽〉의 원본, 목판화, 1948

히라카와 세이조오는 1920년에 일본창작판화협회 제2회전에 처음 출품한 후 판화잡지인『판화』,『시와 판화』,『HANGA』에 작품을 게재하며 활동한 작가이다.[10]

이정의 초기 판화에서 후카자와 사쿠치와 히라카와 세이조오로 추정되는 일본 판화가의 영향이 보이는 것은 어쩌면 당연한 것인지도 모른다. 판화가도 일반 미술인들처럼 젊은 시절에는 유명한 판화가들의 작품에 경도되어 영향을 받기 때문이다. 그래서 처음부터 자기만의 형태를 가지며 완숙한 표현을 보인다는 것은 어려운 일이다. 많은 목판화가들이 20년에서

지에는 '靚'이라고만 찍혀있다. 그리고 윤곤강의 시집『살어리』속지에는 이정의 〈동트는 새벽〉이라는 먹으로만 1도 인쇄한 판화가 실려 있는데 어둠 속에서 동이 트면서 햇빛이 발산하는 모습을 세모칼로 날카롭게 깎아 표현하고 있다. 그리고 그 주변의 나목은 창칼로 음양각 형태를 만들어 어둠 속에서 햇빛에 반사된 나목을 돋보이게 화면을 구성하고 있다. 책의 속지에 실린 이 작품의 실제 원본은 가로로 길지만 인쇄된 시집에서는 판화를 반으로 잘라 실은 것이다. .

도판 12_ 일본 작가의 작품, 작가미상(1920년대 목구목판 판화가 히라카와 세이조오平川淸藏 작품으로 추정됨) 이정의 윤곤강 시집 동트는 장면과 나목 처리에서 이 작가의 영향이 엿보인다.

4) 윤곤강의 시집 속지에 있는 〈동트는 새벽〉의 각법도 앞에서 설명한 것처럼 종이를 오려내듯이 창칼로 나목의 테두리를 말끔하게 판각하여 나목과 어둠 속의 하늘을 구별하고 있다. 이것과 비슷한 각법으로 사물의 형태를 만들고 화면을 구성한 판화작품을 이정의 스크랩에서 발견하였는데 일본의 어떤 작가인지 아직 정확히 확인되지는 않았지만 목구목판(木口木板 : 눈목판화 : Wood Engraving)을 즐겨 사용한 히라카와 세이조오(平川淸藏, 1896~1964)인 것으로 추정된다.

30년 정도 조각도를 잡아야 비로소 칼 맛을 알 것 같다고 하는데 이정이 정음사 초기 시절부터 완성도 높은 자신만의 독창적인 창작판화로 장정을 꾸미기는 어려웠을 것이다. 이런 측면에서 살펴보았을 때 이정은 평소에 그가 스크랩해 놓은 많은 판화들을 뒤적거리면서 참고하며 작업했던 것으로 보인다. 그럼에도 불구하고 그의 초기의

10 『日本の版畫3 1921-1930』, 東京新聞, 2001, p.170 참조.

작품에 속하는 윤동주 시집의 표지장정은 제자와 표지화 모두 목판의 각 맛을 살려가며 훌륭하게 매듭을 지어 놓았다고 평가할 수 있다.

5) 정음사에서 1948년 8월에 발간한 조선어학회 김원표 편『조선속담집』의 표지판화도 이정의 목판화이다. 이정이 소지하고 있던 놋쇠로 만든 '코끼리모양 촛대'를 모델로 한 것이다. 받침인 연화대에서 상부의 초꽂이까지의 높이는 약 12cm이고 가로 폭이 10cm 정도 되는 크기이다. 이 코끼리모양 촛대를 그대로 목판화로 제작한 것인데 원본 판화에서 보이는 촛대의 배경이 되는 먹색부분을 인쇄한 책 표지에서는 모두 제거하고 촛대 형태만 살려서 실었다.

이 코끼리모양 촛대는 이정이 일제강점기 때부터 소지하고 있던 것으로 판화 원본에서는 배경을 먹으로 처리하고 코끼리 형상은 양각으로 각을 하여 화면에 음양의 조화를 꾀하는 반면에 출간된 인쇄본에서는 배경의 먹색을 없애고 양각의 선각(線刻)만 뚜렷하게 보이고 있다. 그리고 형상의 그림자 부분은 먹색으로 남겨 입체감을 살리고 있어서 원본과 인쇄본 판화는 다른 차이를 보이고 있다.

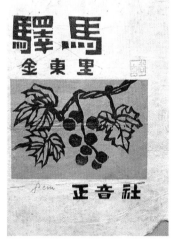

도판 13_ 이정의『조선속담집』표지판화, 조선어학회 김원표 편, 정음사,1948.

도판 14_ 이정의 역마 내제지 원본, 김동리 저, 이 책은 6·25전쟁으로 출판되지 못했다.

6) 내제지에 수록하기 위해 제작했으나 6·25전쟁으로 햇빛을 못 본 김동리의 단편집『역마(驛馬)』. 원본은 제자

와 저자 이름, 출판사 이름까지 모두 한문체인데 고딕으로 목판에 판각하여 제작한 캘리그래피이다. 손으로 그린 문자가 아닌 목판에 새겨서 찍은 글자이기에 '驛馬'라는 굵은 고딕체 제자에서는 판각에 의한 힘 있는 글자를 창조할 수가 있다.

판화는 푸른색 바탕위에 포도넝쿨을 먹색으로 찍은 2도 다색판화이다. 이 표지장정의 제자에서도 끊어 치는 각의 멋과 굵고 가는 획의 자유로움으로 판각에서만 볼 수 있는 멋과 조형성을 표현했다고 할 수 있다.

『세월도 강산도』에 수록된 김동리의 글「몇 가지 수수께끼」에서 김동리의『역마』가 출간이 되지 못한 이유를 재미있게 기술하고 있다. 6·25전쟁이 일어나기 이전 "외솔 선생(최현배 박사)께서 한글전용과 한자 폐지를 법제화시키기 위해 국회의원에 출마를 했는데 선거 초기에 출판에 쓰려던 종이가 몽땅 날아갔다"[11]라고 밝히고 있다. 이후 6·25전쟁이 일어나자 결국 책을 출간하지 못한 것이다.

이상과 같이 6·25전쟁 이전에 이정이 정음사에서 근무했던 시절의 표지판화를 살펴보았다. 표지판화에서는 정갈하면서도 말끔한 선각과 함께 음양각을 배합하면서 형상을 조화롭게 만들고 화면을 힘 있게 구성하고 있으며, 제자에서도 창칼이나 세모칼을 이

11 김동리,「몇 가지 수수께끼」,『세월도 강산도』, 정음사, 1974, p68.

도판 15　1952년경 대구에 있는 공군인쇄소에서 근무할 때 찍은 가족사진, 안고 있는 여자아이는 초등학교 입학 전인 큰딸 이혜숙

도판 16　이정의 원본 목판화 〈십장생도〉, 『세월도 강산도』 표제지 판화, 정음사 1974, 崔暎海선생화갑기념송사집에 들어 있다. 제목은 필자가 붙인 것이다.

용해 양각으로 글자의 획을 자유롭게 구성하면서 결과적으로 목판이 지닌 판각의 힘 있고 말끔한 특성을 부각시키고 있다고 볼 수 있다.

　1950년 6월, 6·25전쟁이 일어나고 얼마 후 이정은 제2국민병으로 소집되어 고초를 겪었으며, 1952년부터 대구에 있던 공군인쇄소에서 근무하였다가 1955년 서울로 올라와 영등포에 거주하면서 공군부대 문관으로 근무하게 된다. 그러다가 1957년 2월에 정음사에 재입사하였다. 이후 그는 편집부에서 오래 근무하였고 편집부장까지 역임하였다.

　1962년에 종로구 옥인동으로 이사한 그는 이 당시 정음사판 『셰익스피어 전집』(1964)과 『아라비언 나이트』

(1965) 등의 장정을 맡아했으며, 1972년에 정음사를 퇴사하였지만 퇴사 이후에도 번역 등 정음사와 연관된 일을 위탁받아 하였고, 1974년에는 최영해 사장 화갑기념 송사집인 『세월도 강산도』의 장정과 제자와 표제지 축하판화를 직접 맡아서 하였다. 이 책 표제지에는 이정의 목판화인 〈십장생도〉를 게재하였는데 먹으로 찍고 채색을 한 것이다. 소나무 위에는 학 두 마리가 있고 장수와 길상을 상징하는 바다의 거북과 사슴도 쌍을 이루고 있어서 암수의 화목을 주제로 한 민화풍의 〈십장생도〉를 그리고 있다. 어떻게 보면 이 작품은 〈반야심경 병풍〉과 함께 1970년대에 제작된 그의 절정기의 판화작품이면서 다색판화의 출발을 알리는 작품으로 평가할 수 있다.

4. 70년대와 80년대의 판화

6·25전쟁 이전과 전쟁이 끝난 후에 정음사에서 출간된 200여 권[12] 정도의 책을 찾아 본 결과 이정 혼자서 표지장정을 한 것은 아니었다. 출판사 편집일이라는 것이 워낙 바쁘다 보니 표지장정을 밖에 외주 주는 일이 많았던 것으로 보인다.

1940년대 말에서 1960년대까지 정음사에서 출간된 책 중 앞에서 설명한 책 장정 외에 표지장정이 많이 알려진 책을 소개하면 대략 다음과 같다. 표지작가가 미상인 것도 여러 권 눈에 띈다. 이것은 이정이 정음사 직원이기 때문에 자신의 이름을 넣지 않은 것으로도 생각해 볼 수 있다.

『조선개화비담』, 김영건 저, 표지장정 윤희순, 1946; 『향가여요신석(鄕歌麗謠新釋)』, 지헌영 저, 장정 미상, 1947; 『조선문학사』, 김사엽 저, 표지작가 미상, 1948; 『작고시인선(作故詩人選)』(초판본), 서정주 편, 장정 이정, 1950; 『시와 진실』, 윤곤강 저, 표지장정 한갑수, 1948; 『중국고대사강요』, 김상기 저, 장정 미상(북두칠성과 천체), 1948; 『조선미작연구』, 김희태 저, 장정 미상, 1948; 『학생의 미래』, 최영조 저, 표지판화 미상, 1949; 『삼국지』 1.2권, 박태원 저, 장정 이정, 1950; 『소복』, 김영수 저, 장정 정현웅, 1949년; 『해동가요』, 김삼불 교주, 표지작가 미상, 1950; 『애정지대』, 정한숙, 장정 한봉덕, 1957; 『최후의 서정』, 박정온 저, 표제지 판화작가 미상, 1957; 『하늘을 바라보는 여인』, 전영택 저, 장정 전상범, 소묘 조동

화, 1958; 『신라초』, 서정주 저, 장화 이제하, 1961; 『부부』, 손창섭 저, 장화 이우경, 1962; 『세익스피어 전집』(전 4권), 장정 이정, 1964; 『아라비언 나이트』(전4권), 장정 이정, 1965 등이 있다.

여기서 1948년에서 1950년까지와 1958년 이후 책은 이정이 정음사에 근무했을 때 발행된 책인데 이정이 표지장정을 한 『아라비언 나이트』는 제1회 장정상을 받기도 했다. 그러면 여기서 다시 1970년대와 1980년에 제작한 이정의 판화를 살펴보자. 이 시기의 판화는 다색판화가 많은데 채색을 한 판화와 함께 다판에 의한 다색판화가 주류를 이루며 완성도 높은 작업을 보이고 있다.

1) 〈여인연작〉 판화[13]

1970년대 작품으로 보이는 〈여인연작〉 판화는 이정의 부인 임순자 여사를 그린 것으로 작품성이 좋아 높은 평가를 받을 수 있는 판화이다. 이 〈여인연작〉 판화는 흑백 2점과 다색판화 3점인데 어떤 책의 장정이나 삽화로 쓰려고 했다기보다는 순수한 작품으로 제작한 것으로 보인다.

〈여인 1〉과 〈여인 2〉는 먹으로 찍은 단색판화로 음각을 기반으로 시작해서 전체 화면을 음양각의 디자인적인 구성방식으로 완성시키고 있다. 〈여인 1〉은 세모칼의 가는 음각선으로 형태를 만들고 음영으로 얼굴의 윤곽을 사실적인 형상으로 만들어가고 있다면 〈여인 2〉에서는 창칼과 세모칼에 의한 정제된 음영에 의한 형상과 양각의 단순화한 얼굴 형상으로 반듯한 입체적 완성도를 높이고 있다. 두 작품 다 음각으로 형태를 잡으며 출발했으나 완성하면서 음양각을 적절히 혼합했기에 작품에 입체

12 오영식 근대서지 대표의 연구소 소장본과 이혜숙 선생의 소장본, 그리고 이주순 이름으로 발표한 산문인 「그날이 어제인데」에서 조사한 것이다. 본문에 소개된 것 외에도 오영식 소장본에는 이정 이외의 다른 작가가 제작한 표지장정들이 여럿 있었으나 여기에 다 소개하지는 못했다.

13 제목은 필자가 붙인 것이다.

도판 17-1 〈여인 1〉, 목판화, 1970년대 추정, 이정이 부인 임순자를 그린 것이다.

도판 17-2 〈여인 2〉, 목판화, 1970년대 추정, 이정의 부인 임순자이다.

도판 17-3 〈여인 3〉, 다색목판화, 1970년대로 추정, 이정의 부인 임순자이다.

도판 17-4 〈여인 4〉, 다색목판화, 1970년대로 추정, 이정의 부인 임순자이다.

드는 데 출발점이 된 판화로 보인다. 〈여인 3〉은 9도로 찍은 다판(多板) 다색목판화이며 〈여인 4〉는 13도 다색으로 이 두 작품 모두 수채화를 보는 듯 수성물감으로 차분한 색감을 보여준다. 반면에 제작연도가 1974년으로 분명하게 표기되어 있는 〈여인 5〉는 〈여인 3〉과 〈여인 4〉와는 다른 판각법으로 선각을 중심으로 단순하면서 징제된 색으로 안정된 모습을 보이고 있다. 이 〈여인 5〉는 1954년 추석 무렵 대구에 있는 공군인쇄소에 근무할 때 찍었던 가족사진을 토대로 해서 한참 뒤인 1974년에 판화로 제작한 것이라고 가족은 말한다.

〈여인 5〉 판화와 가족사진을 비교해 보면 한복을 입고 부채를 손에 쥔 채 창살이 있는 문을 배경으로 마루에 앉아 있는 이정의 아내를 그린 것임을 금방 알 수가 있다. 〈여인 5〉에서 보여주는 이러한 깔끔한 먹선과 안정된 다색의 처리는 같은 해인 1974년 5월에 『세월도 강산도』 내제지에 실은 〈십장생도〉[14] 다

감을 주면서 화면에 무게와 깊이를 더 해준다.

〈여인 3〉과 〈여인 4〉는 1970년대에 다색판화로 접어

색목판화와 경향을 같이하면서 이후 70년대 후반과 80

14 〈십장생도〉 제목은 편의상 필자가 붙인 것이다.

도판 17-5_〈여인 5〉, 74-6-23 연도표기가 있다. 9도 다판 다색목판화이다. 1954년에 찍은 대구시절의 사진을 참조하여 1974년에 제작한 것이다. 이정의 부인 임순자이다.

도판 17-6_〈가족사진〉, 왼쪽 부채를 들고 있는 사람이 이정의 부인 임순자이고 가운데가 이정의 누이동생 이완순이다. 오른쪽은 이정의 큰딸 이혜숙이 대구 삼덕 초등학교 1학년 때이다.

년대에 제작한 다색판화와 연결되고 있음을 알 수가 있다. 그런 의미에서 〈십장생도〉와 〈여인 5〉는 이정의 다색판화를 평가하는 출발점이 된다.

2)『세월도 강산도』내제지에 실은 이정의 〈십장생도〉는 먹으로 찍고 그 위에 채색한 채색목판화이다. 이 점은 다판 다색으로 찍은 70년대 초기의 〈여인연작〉 판화와는 다른 점이다.『세월도 강산도』는 정음사 최영해 대표의 화갑기념을 위해 최영해선생화갑기념송사집발간회에서 출판한 책이다. 휘호는 송지영, 김구용이 쓰고 장정과 제자와 내제지 판화는 이정이 제작했다. 그리고 삽화는 조병화, 안의섭이 했고 축하그림은 천경자가 맡았다.

〈십장생도〉는 장생과 우애를 상징하는 불로초와 사슴, 학, 거북을 그려 넣어 화갑기념의 의미를 담고 있다. 이 판화에서는 여러 색을 채색하였지만 같은 경향의 〈여인 5〉 판화부터는 다판에 의한 다색으로 전환되는 것이 달라진 모습이다.

3) 이어서 1979년에 제작한 〈반야심경6폭병풍판화〉는 이정의 대표작품으로 반야심경을 전서체로 판각하고 앞 뒤 부분에는 〈聖德大王神鐘飛天像(성덕대왕신종비천상)〉을 새겨 넣었다. 이 병풍은 6폭이지만 판은 모두 4개로 반야심경이 새겨진 4면 중 두 면의 뒤쪽에 비천상을 새겨 넣었다. 그리고 비천상이 있는 좌측 판목 하단 부분에는 여백을 이용해서 작은 글씨로 '己未年夏間彫造'(1979년 여름에 새기고 찍다)라고 음각으로 새겨놓았기 때문에 정확한 제작연대를 알 수 있는 작품이다. 글자와 그림에서 양각에 의한 깔끔하고 단정한 선각의 멋을 보이고 있는 것이 이 판화의 특징이다.

이 비천상은 신종에 새겨진 문양을 목판화로 재현한 작품으로 연꽃무늬 당좌(撞座)에 무릎을 꿇고 연화보상화로 장식된 음관(音管)을 든 채 명문(銘文)을 향해 서로 마주보

도판 18_〈聖德大王神鐘飛天像(성덕대왕신종비천상)〉이 새겨진 반야심경6폭병풍으로, 1979년에 제작되었다.

도판 19-1_〈반가사유상〉, 목판다색, 79-6-14 표기가 있다. 3도 다색목판화이다.
도판 19-2_〈반가사유상〉, 목판 상좌에 79-6-12～14 제작연도 표시가 있고 하좌에는 가늠자 표식이 있다.(오른쪽위)
도판 19-3_〈반가사유상〉, 목판, 79-6-12～14, 먹색판이다.(오른쪽아래)

고 있는 모습을 그리고 있다. 비천상을 배경으로 한 보상당초문(寶相唐草文)의 화려한 장식 또한 아름다워 마치 하늘로 오르는 듯한 비천상의 모습을 목판화로 재현하고 있다. 이 작품을 통해서 이정의 판각 솜씨가 절정에 와있음을 확인할 수 있으며 그의 대표작품이라고 할 수 있다.

4) 1979년에 3도로 찍은 다색목판화인 〈반가사유상〉은 '79-6-14'라고 명기되어 있어서 제작연대를 알 수 있는 작품이다. 이 판화는 삼국시대인 7세기 초에 제작된 금동반가사유상(金銅半跏思惟像)(국보 83호)을 다색판화로 제작한 것이다. 오른손을 갸름한 볼에 대고 오른발을 왼쪽 무릎에 올려놓은 채 깊고 잔잔한 미소를 띠우며 생각에 잠긴 모습의 반가사유상을 그린 것이다. 대좌 아래로 흘러내린 치마의 섬세한 선각을 통해 사실적인 생동감을 잘 표현하고 있다. 어느 책의 표지나 삽화로 쓰인 것인지는 확인이 되지 않았으나 흐트러짐이 없는 그의 각선은 이미 〈반야심경 6폭병풍 판화〉에서 보여주었듯이 여기서도 십분 선각에 의한 양각판화의 높은 경지를 보여주고

있다.

이 판화에서 보여주는 다판에 의한 다색기법은 앞서 74년에 제작한 〈여인 5〉의 다판 다색기법과는 차이점이 없을 정도이며 이러한 다판 다색기법은 이후 90년 초에 제작한 〈청화백자모란문다호〉 판화에서 절정을 이룬다.

5) 〈금강역사상(두부)〉과 〈하회탈〉

〈금강역사상(두부)〉 판화는 '81-7-3'이라는 제작연도 표시와 함께 상현이라는 호의 도서가 찍혀있는 이정의 2도 다판 다색 목판화이다. 석굴암 통로 입구에 고부조로 만들어 놓은 금강역사상에서 두부 부분만을 판화로 제작한 것이다. 머리에는 상투가 있고 눈을 크게 뜨고 강한 힘을 과시하는 위협적인 표정의 조각상이다.

이정은 지금까지 해온 각선 중심의 목판화와는 다르게 이 판화에서는 은은한 회색 톤으로 화강암의 질감을 표

현하는 데 주력하면서 본래 조각상이 지닌 입체감을 목판화로 잘 표현하고 있다. 이 판목에는 좌측에 가늠자를 파놓아서 종이를 가늠자에 맞추고 찍었음을 알 수 있다. 이러한 다색 인쇄 방법은 일본의 전통목판화인 우끼요에(浮世繪)에서 많이 사용하는 방식이지만 현대 목판화 작가들도 손으로 인쇄할 때는 즐겨 사용하고 있는 기법이다.

〈하회탈〉 판화에서도 〈금강역사상(두부)〉 판화와 같은 기법으로 나무부조로 만들어진 하회탈의 입체감을 잘 살리고 있다. 각선보다도 2도 다색의 은은한 붉은 톤 색조로 양감을 잘 표현하고 있는 것이 이 두 판화가 지닌 공통적인 특징이다. '82-8-9'라고 적혀 있어서 제작연대를 확인할 수 있는 작품이다. 〈금강역사상(두부)〉과 〈하회탈〉은 선 중심이 아닌 면의 질감과 양감에 초점을 둔 판화이다. 그래서 예전의 선 중심 판화와는 다른 점을 보인다. 새로운 기법의 이러한 판화가 여러 점 제작되었으면 하는

도판 20-1 〈금강역사상(두부)〉, 목판다색, 81-7-3 제작연도 표기가 있다. 2도 다색목판화

도판 20-2 〈금강역사상(두부)〉 목판, 1981.

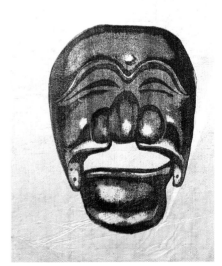

도판 21 〈하회탈〉, 2도 다색목판화, 82-8-9 제작연도 표기가 있다.

아쉬움이 크다.

6) 〈청화백자모란문다호〉

이 판화는 '90-3-6'이라는 제작연대가 적혀있고 상현이라는 호의 도서가 찍혀있어서 이정의 판화임을 알 수 있다. 이정의 마지막 작품으로 보이는 이 작품은 6도로 찍은 다판에 의한 다색 목판화인 것이 특징이다. 차(茶)를 담았던 다호를 그린 것으로 흰 백자에 모란꽃과 잎을 청화와 녹색으로 은은하게 표현하고 있고 노란색 바탕을 깔아 백자의 고담스러움을 돋보이게 하는 작품이다. 가

선은 사라지고 은은한 파스텔 톤의 색감만으로 입체감을 보이고 있다. 이정의 다색판화는 70년대의 거친 다색판화에서 80년대에 와 중간 톤의 안정감을 주는 색에 의한 다색판화로 진행되어 왔으며 〈청화백자모란문다호〉에 와서 그 절정을 이룬다.

지금까지 살펴본 것처럼 이정은 출판사 편집인이며 디자이너였지만 남달리 목판화에 대한 애정이 깊었던 것을 알 수 있다. 그동안 비록 소품만을 제작했지만 초기의 선각(線刻) 중심 판화에서 후기의 다판에 의한 다색판화에 이르기 까지 완성도 높은 작품세계를 보여주며 목판화의 멋을 창출해 냈다.

우리나라 미술계가 미술대학 출신만을 작가로 고집해왔던 예는 여러 군데서 보여진다. 그러한 측면에서 이정은 발표의 장이 책의 장정이라는 제한된 공간에만 허용될 수밖에 없었을 것이다. 출판미술도 물론 중요하지만 보

도판 22 〈청화백자모란문다호〉, 6도 다색목판화, 90-3-6 제작연도 표기와 상현 호 도서가 찍혀있다.

도판 23 이정이 사용했던 조각도. 이정이 손수 나무 궤 안에 보관해 왔다.

다 적극적으로 전시를 통해 미술계와 교류하면서 발표의 장을 넓혔다면 이정의 예술세계는 한층 더 넓어졌으리라 믿는다.

해방 후 좌우익 정치노선의 대립 속에서 미술집단의 권력 구조화가 이루어지면서 판화는 문예지나 잡지 등의 인쇄매체를 통해 소개되고 있었다. 대부분 조선미술가동맹이나 조선조형예술동맹 출신 작가들인 오지호, 정현웅, 손영기, 최은석, 박문원, 최재덕 등이 해방공간에서 판화 작품을 남기면서 활동하고 있었고, 모더니즘 계열에 속하는 김용준, 이병규, 최영림, 김정현, 박성규, 김정환, 이병현, 김용환, 윤세봉, 이정 등이 1930년대와 해방공간에서 판화를 제작하였다. 특히 이 중에서도 출판미술이라는 관점에서 선두적인 역할을 한 정현웅(鄭玄雄, 1910~1976)은 삽화와 붓그림, 판화 표지장정에서 다량의 작업을 통해 뛰어난 두각을 보이면서 이후 작가로서도 높은 평가를 받았다. 이것은 정현웅이 작업 외에도 미술계와도 폭넓은 교류와 조직활동 등이 뒷받침되고 있었기 때문이다. 그러나 판화작품에 있어서만은 이정은 정현웅보다도 더 많은 판화 원본들이 최근에 발견되어 정현웅과는 또 다른 차별성을 지니고 있다. 그리고 이정도 또한 평생을 출판미술에 종사해온 관계로 판화 외에도 인물 연필 스케치, 한글과 한문 제자, 알파벳 글자, 펜으로 그린 삽화 등을 유가족이 상당수 보존하고 있다. 그래서 이정도 정현웅과 함께 출판미술에 전문성을 가진 화가로서 나름대로 새롭게 평가되어야 하리라고 본다. 이러한 측면에서 앞으로 이정에 대한 다각적인 연구가 있어야 한다는 생각이다.

1980년 이후 이정은 종종 알레르기성 천식 증세를 겪게 되어 병원 검사를 받았으나 그 원인 물질을 알아내는 데는 실패하였다. 그때부터 병원 처방약을 복용해야했고 주거환경을 바꿔보라는 의사의 권유를 받기도 했다.

1988년 이정은 마침내 건강을 위해 오래 거주했던 옥인동 집을 떠나 경기도 고촌으로 이사했다. 그는 이곳에 기거하는 동안 어린 시절을 회상하며 「노냉기 집」이라는 짤막한 산문을 남겨놓았다. 노냉기는 행정 명칭으로 강원도 김화군 임남면 노남리(현재는 상판리)인데 당시 그 지방 사람들이 부르던 실제 명칭이다. 그곳은 그가 누이동생과 함께 어린 시절을 보낸 곳으로 글 끝머리에서는 아련한 추억이 물안개처럼 피어난다.

글방 끝나면 아이들과 어울려서 개울물에서 첨벙거리면서 돌을 뒤져가며 잡던 가재, 버들치, 꺽지, 종개 등은 말고도, 이제는 이름도 생각나지 않은 물고기들…… 이제는 아련한 과거 속으로 사라진 지 오래다.

이정은 1995년 음력 10월 2일 신내동 아들 집에서 작고하였다.

이정 연보

본명: 이주순(李朱筍)

일명: 기욱(基郁)

書名: 이정(李靚)

아호: 상현(尙玄)

1924 강원도 회양 출생.(6월 24일)

1930 부친을 여의고, 8세 이전에 어머니 손에 이끌려 누이동생과 함께 서울로 이주.

1938 정동보통공립학교 졸업.(3월 18일) 졸업 후 교장 선생님 추천으로 조선총독부 도서관에 근무함.

1943 일제에 징용 당해 규슈 오이타현(大分縣) 소재 군부대에서 행정 업무를 봄.

1945 해방과 함께 귀국.

1946 부인 임순자와 결혼. 슬하에 3남매를 둠.

　　　 장녀 이혜숙(1947년생), 장남 이예승(1954년생), 차남 이현승(1957년생).

1947 가을에 정음사의 요청으로 윤동주 유고시집『하늘과 바람과 별과 시』의 표지자켓(카아버)을 목판화로 꾸며줄

　　　 것을 의뢰받음. 이정(李靚)이란 화명과 아호 상현(尙玄)을 사용함.

1948 『하늘과 바람과 별과 시』초판 발행(정음사, 1월 30일).

1948 윤곤강 시집『살어리』(시문학사, 7월 15일)의 면지 및 속지 판화 제작.

1948 『조선속담집』(정음사, 8월) 표지판화 제작.

1948 9월 정음사 입사.

1950 박태원『삼국지』1·2권(정음사, 3월 15일) 장정 및 제자 판각.

1950 김동리 단편집『역마』내제판화를 제작했으나, 6.25전쟁으로 인해 출간되지 못함.

　　　 이후 6.25전쟁의 와중에서 제2국민병으로 소집당해 고초를 겪음.

1952 대구 소재 공군 인쇄소 근무.

1955	가을 상경. 공군부대 문관 근무. 영등포에 거주.
1957	정음사 재입사하여 편집부 직원으로 근무.
1962	종로구 옥인동으로 이사.
1964	9월 정음사판『셰익스피어 전집』(전4권) 장정.
1965	11월 정음사판『버어튼판 아라비언 나이트』(전4권) 장정, 제1회 장정상 수상.
	이후 퇴직할 때까지 편집부장으로서 정음사에서 출간되는 전집류의 장정을 총괄함.
1972	정음사 퇴사.(2월) 이후에도 번역 등 정음사 업무를 위탁받음.
1974	최영해 사장 화갑기념송사집『세월도 강산도』(정음사, 5월 17일)의 장정 및 내제판화 제작.
1988	봄 건강상 이유로 서울을 떠나 경기도 고촌으로 이사.
1995	신내동 아들 집에서 별세.(음력 10월 2일)